2/
2/6   6̶5̶-̶7̶2̶
2/8   27-43

2/11   57-64- 89-99
2/13   101-108 - 139-156
2/15   157- 166 - 73-87

ANTOLOGÍA DEL CUENTO MODERNISTA HISPANOAMERICANO

JULIO E. HERNÁNDEZ MIYARES
WALTER RELA

PLUS ULTRA

ANTOLOGÍA DEL CUENTO MODERNISTA HISPANOAMERICANO

I.S.B.N. 950-21-0943-0

ADVERTENCIA

Hace un año, reunidos en la ciudad de Nueva York, nos propusimos concretar una antología del cuento modernista hispanoamericano, destinada fundamentalmente a profesores, estudiantes universitarios y lectores especializados.

El proyecto, según convinimos, debería responder a tres principios básicos:

1. Estudio preliminar que, deslindando de la prosa modernista general los rasgos distintivos del cuento, jerarquizase sus matices, clasificara estructuras y lo definiera artísticamente.

2. Colección de textos con significativa calidad estética, pero también que: a) no repitiese títulos frecuentados en libros análogos; b) en lo posible representara a casi todos los países de Hispanoamérica. De esta forma, figurarían no sólo los nombres clásicos, sino otros que ofrecen una perspectiva más amplia para identificar al cuento modernista.

3. Notas biográfico-críticas respetuosas de las

normas convencionales, pero también orientadoras sobre lo peculiar de cada autor, y complementadas con juicios de valor autorizados.

Definidas las características específicas, adoptamos como medidas prácticas, por ejemplo, que el ordenamiento fuese cronológico (partiendo del año de nacimiento del autor), y que las citas bibliográficas se limitaran a referencias actualizadas, selectivas, y localizables con facilidad en cualquier biblioteca.

Resueltos razonablemente los principios enunciados, presentamos ahora esta Antología del cuento modernista hispanoamericano, *con los trazos salientes de solidez profesional y variado contenido.*

J. E. H.-M. - W. R

Nueva York, noviembre de 1986

8

INTRODUCCIÓN
Apuntes sobre el cuento modernista

Los rasgos más sobresalientes del modernismo literario hispanoamericano comienzan a objetivarse en los trabajos en prosa de ciertos escritores que aisladamente desarrollan su quehacer artístico en diversos países de América, alrededor de las dos últimas décadas del siglo XIX. Aunque el mayor impacto del movimiento resultó ser en la lírica, sus primeras manifestaciones se hacen evidentes en las creaciones de José Martí, Manuel Gutiérrez Nájera, y, por supuesto, de Rubén Darío, el gran maestro del movimiento, a partir de la publicación de su libro *Azul* (1888).

En su etapa de inicio, resulta obvio que los ingredientes principales de la prosa modernista mostraban marcada influencia y asimilación de variados rasgos artísticos tomados de la literatura francesa finisecular, en particular, del llamado *decadentismo* y sus diversas escuelas. Por tanto, como corolario, bien podía decirse que muchos de los aspectos de renovación lingüística, temática y estilística que se avanzaban en la mayoría de aquellos primeros intentos, se enmarcaban dentro de un aristocratismo exotista, un lirismo efusivo, un lenguaje opulento y una suntuosidad decorativa poco usuales en la literatura hispánica de aquellos momentos.

Para todo estudioso del fenómeno literario en la América hispana, resulta obvio que las creaciones en prosa de los modernistas mostraban una general coincidencia en dos aspectos básicos reiterados: la constante presencia de un lirismo, a veces excesivo, y una voluntad definida de crear un nuevo lenguaje, de articular una forma diferente de expresión, con la insoslayable intención, a todas luces revolucionaria, de rebelarse frontalmente contra los moldes caducos anteriores. Así, con el modernismo surge un nuevo culto a la *individualidad* del artista, quien busca ejercitar su estilo para lograr un mejor manejo del lenguaje y mediante este continuo experimentar, poder ampliar el registro de los posibles "resortes", y ensanchar de este modo las fronteras de aquella "invención verbal" en que se hallaba sumido con fanático apostolado.

En otras palabras, el escritor modernista se interna en un *juego verbal* que necesita —a todas luces— el más amplio campo de experimentación dentro de la lengua, para fundir, de ser posible en una sola, las formas hasta entonces contrarias y antagónicas del discurso poético y del discurso de la prosa.

Por eso, como bien se ha establecido por la crítica más reciente, el movimiento modernista tiende a producir una *literatura de entrecruzamientos*, dada la mezcla, saltos abruptos y combinaciones poco usuales entre los diferentes géneros y estructuras tradicionales de la creación literaria que utilizan sus autores. De ahí, la chocante imprecisión de los límites reales de cada género literario dentro de las producciones modernistas, y la dificultad para estudiosos y lectores en general de determinar con exactitud dónde termina el poema o comienza la fábula, dónde hace su aparición, por leve que sea, la trama imaginativa para suplantar el absorbente *lirismo* que parece permearlo todo. Y así ha podido decirse que dentro del modernismo, para la *crónica* resulta fundamental que lo narrado sea un asunto de cierta o relativa *actualidad;* para el *poema en prosa*, que el *lirismo* lo inunde todo y desplace lo *anecdótico* y *argumental*, quedando esto último —precisamente— como el rasgo mínimo esencial que nos permitirá identificar y definir el *cuento* o *relato* modernista. Expuesto lo anterior, no resultaría difícil arribar, con la perspectiva de los años transcurridos y el examen detenido del valioso muestrario narrativo legado por los modernistas, a ciertas conclusiones avaladoras de la importancia de la influencia de su prosa y, en particular del cuento, en el pujante desarrollo de la narrativa hispanoamericana que llega hasta nuestros días.

Si es verdad que un exagerado fervor esteticista y una marcada sobrecarga de lirismo, junto con el desmedido afán de inventar un nuevo idioma poético, hacen del cuento modernista un genuino producto o género híbrido —en ocasiones de difícil enmarcación—, también resulta cierto que con él, se logra plasmar en nuestras letras una más exacta concepción del esquema de este género literario. Es ahora cuando todo se refina en el género: desde el nivel del lenguaje, que llega a alturas insospechadas, hasta el estilizamiento de la estructura interna del relato. Más que la ilación descriptiva de hechos anecdóticos, se busca la necesaria *intensidad* y *tensión* de las emociones —las más de las veces de raíz lírica— que estallan sorpresivamente en el franco vuelo de la fantasía y en los alardes de la imaginación más desbordada. Con el uso de las "transposiciones" de arte, de un decorativo exotismo oriental y un bien definido y aristocrático cosmopolitismo, se le brinda al cuento un nuevo marco y categoría hasta entonces no experimentados por nuestros escritores en este género.

Si fuéramos a llevar a cabo un inventario de sus características principales y de las mayores contribuciones que el relato o cuento modernista ha aportado al progresivo desenvolvimiento de la narrativa hispanoamericana, podríamos agruparlas —por finalidad didáctica— bajo tres grandes categorías: I) estilísticas; II) estructurales y III) temáticas.

Por supuesto, una vez que el lector complete la lectura de los textos incluidos en esta colección, no le resultará difícil comprobar la presencia de muchos de los rasgos que presentamos y examinamos a continuación.

I. ESTILÍSTICOS

Como ya hemos señalado, para los modernistas, con su ferviente vocación por la poesía, el objetivo más importante consistía en la creación de un nuevo lenguaje poético. De ahí que la presencia de lo lírico en todas sus creaciones, excedía todos los límites tradicionalmente aceptados hasta ese momento. Por tal motivo, con el modernismo, se introducen en la prosa una serie de recursos literarios que antes se reservaban exclusivamente para el discurso poético. El resultado de esta nueva actitud es que los perfiles o límites del relato se imprecisan o diluyen, ya que el elemento dinámico o de acción narrativa casi desaparece, cuando no se ve interrumpido frecuentemente por súbitos espasmos líricos, que acercan más la narración a los ritmos y estructuras propias del verso o de la estrofa poética.

Para ejemplo de lo anterior, basta con revisar algunas creaciones narrativas de Darío, Gutiérrez Nájera, Nervo, Lloréns Torres y otros, en las que el verso y lo poemático se adentran tanto en la prosa, que más parece que leemos un poema que una narración o un relato de ficción. Y es que el lirismo ha permeado casi totalmente el texto, deslumbrándonos con sus bellas imágenes y metáforas, musicalidad, sonidos y ritmos estróficos reconocibles.

También se evidencia el uso frecuente del *apóstrofo*, recurso por medio del cual el autor se inmiscuye en la narración para dirigirse a los personajes, olvidándose totalmente del lector. Otras veces, el autor hace uso de estas acotaciones o paréntesis para crear una ruptura de planos y, en lugar de dirigirse a los personajes, casi entabla un diálogo con el lector. Si es verdad que todo esto brinda nueva flexibilidad y originalidad al relato, en muchas ocasiones la fábula sufre por exceso de uso de estas exclamaciones retóricas y de este subjetivismo, que hacen al autor parecer un interlocutor universal de todo lo que le rodea.

En lo que al uso del *lenguaje* se refiere, el cuento modernista recoge un amplísimo registro de vocablos refinados y una adjetivación ornamental muy sugestiva. Se introducen neologismos y muchas expresiones francesas o inglesas. Aparecen con frecuencia giros arcaizantes, pintorescos americanismos, a la vez que palabras de marcado cromatismo. Se usan frases largas, dotadas de una nueva musicalidad rítmica que embellece la expresión, hasta hacerla a veces demasiado atildada. En otras ocasiones, vemos que la sucesión de frases breves, estribillos y juegos de sonidos, producen un efecto *sinestésico* de gran impacto. En suma, que el cuento alcanza niveles artísticos tan elevados, que lo destacan como valiosa creación literaria de esta época.

II. ESTRUCTURALES

Después de la revisión de muchos relatos, sacamos en conclusión que durante el modernismo, el género cuento logra desarrollar una estructura dotada de mayor *flexibilidad* que en los esquemas anteriores, debido a que lo imaginático toma prioridad y le abre paso al lirismo y a la experiencia verbal, que desplazan a lo narrativo casi totalmente y *paralizan la acción*. Esto se logra mediante la descripción morosa de objetos materiales, estados anímicos, rasgos físicos y psíquicos que absorben casi totalmente el ámbito del relato.

Otro elemento que ayuda a este tipo de estructura más suelta, consiste en que muchos de los cuentos están *narrados en primera persona*, y los personajes son variaciones del *yo narrador*, que se complace en desdoblarse y participar así desde múltiples ángulos en la creación literaria. Se percibe en muchos relatos la organización dramática de sus elementos constitutivos, en que lo sentimental asume el más alto nivel. Con frecuencia, el relato termina con un final inesperado, sorpresivo, casi como un aguijonazo poemático de carácter intuitivo.

III. TEMÁTICOS

Con el modernismo, el registro de temas se amplía enormemente, pues la imaginación no tiene límites y todo cabe dentro de la nueva estructura. Lo exótico toma presencia constante con marcada influencia de lo oriental, de lo nórdico y, muy en particular, de lo francés versallesco. A la vez, muchos temas regionales de América y España, se suman a asuntos antiguos o a tópicos de gran modernidad.

También se percibe el tratamiento asiduo de temas de marcado internacionalismo elegante;

en otras palabras, que los cuentos modernistas se rodean de un *cosmopolitismo* a la moda finisecular, a veces exagerado.

Como contraste, también aparecen temas lúgubres, al igual que tragedias o desajustes físicos o morales que aquejan a personajes sometidos a dolencias trágicas, extrema pobreza, vicio y sufrimientos. Sin embargo, debe indicarse, que el cuento modernista no pretende enfrentarse a los problemas sociales ni a su tratamiento literario, sino en todo caso, cuestiona estos aspectos a nivel de lo absoluto y en situaciones extremas. No se interesa por el detalle histórico exacto, sino por la poetización de las experiencias, muchas de ellas personales, que se convierten así en artísticas creaciones imaginativas, en descripción de estados anímicos, sueños, fantasías, idealismo perfumado, evocaciones gráficas y cromáticas, artificios decorativos, visión de valores contrapuestos usados para presentar diversos aspectos de la realidad. En fin, toda una inmensa cantera creativa que sirvió para dar lustre a la lengua y a las literaturas de las diversas naciones de América.

Lo que también resulta innegable es que con el nuevo esquema literario del cuento modernista, se amplían las posibilidades artísticas del género y ya no hay marcha atrás, sino sólo la creación de una pujante narrativa corta hispanoamericana, en que lo real-maravilloso y lo imaginativo-fantástico serán resultados lógicos de los aportes del movimiento, tal y como se puede constatar en la actualidad.

Nueva York, 1986

JOSÉ MARTÍ
(1853-1895)

Nació en La Habana, Cuba, el 28 de enero. El aprendizaje primario lo hizo en el Colegio de San Anacleto y luego en la Escuela Municipal de Varones a la que ingresa en 1865. Allí es distinguido por el educador y poeta Rafael María Mendive, quien encontrándole cualidades poco comunes, se compromete a pagarle los estudios del bachillerato.

En 1868 asiste al Colegio de San Pablo, dirigido entonces por Mendive, que es detenido por su vinculación con los patriotas identificados con el Grito de Yara (10 de octubre).

A comienzo del año siguiente, Martí publica sus dos primeros escritos (un soneto y un poema dramático) de franco contenido político, en los periódicos locales *El Siglo* y *La Patria Libre.*

En 1870 se le relaciona con actitudes independentistas, lo encarcelan y condenan a trabajos en unas canteras por seis meses, tras lo cual es deportado a España.

Llegado a Madrid (enero de 1871), imprime un folleto sobre los padecimientos en su patria, con el sugestivo título *El presidio político de Cuba.*

Aunque limitado por su situación económica, no deja de frecuentar teatros, tertulias culturales, escribir artículos periodísticos, matricularse en la Universidad Central para continuar estudios superiores.

A partir de 1873 y durante un año y medio, se radica en Zaragoza, donde tras sucesivos exámenes se gradúa como Licenciado en Derecho y también en Filosofía y Letras.

Desde entonces, la independencia política de Cuba da razón a su vida, tanto en su estada en París (diciembre de 1874) como en Southampton, hasta el arribo al puerto de Veracruz, y luego su instalación en la capital de México.

Trabaja activamente como periodista, traductor, dicta clases particulares, cultiva amistades entre la intelectualidad ciudadana.

Viaja de incógnito a La Habana, pasa a Guatemala (1877), donde conoce a María García Granados, la recordada "Niña de Guatemala".

Regresa a ciudad de México y se casa con la cubana Carmen Zayas, el 20 de diciembre de 1877.

Al firmarse la Paz de Zanjón (10 de febrero de 1878) que pone fin a la Guerra de Diez Años en Cuba, vuelve a La Habana.

Multiplica su actividad como periodista, profesor en el Liceo de Guanabacoa, orador implacable contra el despotismo, que lo convertirá nuevamente en un deportado.

Breve permanencia en Madrid, París, y finalmente New York, a donde llega el 3 de enero de 1880, alojándose con la familia Mantilla Miyares.

Oficinista, periodista (*The Hour, The Sun*), miembro del Comité Revolucionario Cubano, ocupan todo su tiempo en ese año.

Los seis primeros meses de 1881 permanece en Caracas, publica dos números de la *Revista Venezolana* y acepta la corresponsalía de *La Opinión Nacional* para la que enviará notas desde New York, bajo seudónimo.

En 1882 publica *Ismaelillo,* homenaje poético a su hijo, "el reyezuelo", nacido en La Habana en 1878.

El 13 de setiembre de 1882, comienza a publicarse en *La Nación* de Buenos Aires, la serie de notas que se difundirán por toda la Hispanoamérica culta.

En abril de 1887 el gobierno del Uruguay lo nombra cónsul en New York; dos años después lo harán el de Argentina y el de Paraguay.

Funda, redacta, difunde, *La edad de oro,* la revista para niños que alcanzará cuatro números memorables (julio-octubre de 1889).

Activa, como Miembro de la Liga, una sociedad cuyos propósitos son promover la instrucción entre los negros neoyorquinos, además de dictar clases de español en la Escuela Central Superior.

Sus *Versos Sencillos* llevan como pie de imprenta 1891.

La acción pro-independencia de Cuba a través del Partido Revolucionario Cubano, tiene la presencia de Martí en *La Patria,* periódico que redacta en su casi totalidad.

Realiza una extensa gira por U.S.A., Costa Rica, Panamá y México; en cada acto: ''La palabra ardiente de Martí lima aristas, dobla y junta criterios, calienta voluntades'' (Mañach, *Martí el apóstol,* p. 209).

A fin de enero de 1895, parte a Santo Domingo al encuentro con el general Máximo Gómez, con quien firmará el Manifiesto de Montecristi (25 de marzo) cuando el levantamiento general en Cuba tiene significación.

El 11 de abril desembarca con otros patriotas en playas de la isla, el 5 de mayo se reúne en Consejo con los generales Antonio Maceo y Gómez, el 19 cae en la acción de Dos Ríos luchando por la libertad en Cuba.

La consideración de Martí como creador de la gran prosa modernista, merece de Manuel Pedro González un juicio tan confirmatorio como el que sigue:

''El primero y el más elemental aspecto de la obra literaria de Martí que nos revela su conciencia innovadora y su avidez de renovación es su léxico. El vocabulario que Martí manejó es uno de los más copiosos y selectos usados por ningún escritor de nuestra lengua. Su dominio del idioma es realmente asombroso; pero él no se limita al glosario de la Academia porque no le alcanza para expresar todas las ideas y matices que su mente y su fantasía le sugieren. Entonces se convierte en innovador y enriquece el tesoro de la lengua con miles de neologismos o variantes de palabras existentes. Es éste uno de los más interesantes filones de la potencia creadora de Martí, que hasta ahora ningún filólogo se ha preocupado de estudiar. Sus neologismos derivan, por lo general, de raíces o palabras latinas, inglesas o francesas; pero lo más común es que invente palabras de raíz hispana derivadas de otras ya en uso. Su imaginación creadora en este campo es de una fecundidad inusitada". (I. A. Schulman-M. P. Gonzáles. *Martí, Darío y el Modernismo.* Madrid, Gredos, 1969, p. 174).

Obra: *Obras Completas,* ed. de Gonzalo de Quesada. La Habana; Trópico, 1936-1952. 74 vols.; *Obras Completas,* La Habana: Edit. Nacional de Cuba, 1963-1965, 25 vols.

Crítica: Anderson Imbert, Enrique. "La prosa poética de José Martí", en: *Memoria del Congreso de Escritores Martianos.* La Habana, 1953, pp. 570-616.

Anuario Martiano. La Habana: Consejo Nacional de Cultura, 1969-1976, Nos. 1-6.

En torno a José Martí: coloquio internacional celebrado bajo los auspicios de la Sala José Martí de la Biblioteca Nacional de Cuba y José Martí Foundation de Estados Unidos, Institut d'Études Ibériques et Ibéro-Américaines de l'Université de Bordeaux: 1974.

Estudios Martianos. Río Piedras, P.R.: Universidad de Puerto Rico, 1974.

BEBÉ Y EL SEÑOR DON POMPOSO

Bebé es un niño magnífico, de cinco años. Tiene el pelo muy rubio, que le cae en rizos por la espalda. A Bebé lo visten como el duquesito Fauntleroy, el que no tenía vergüenza de que lo vieran conversando en la calle con los niños pobres. Le ponen pantaloncitos cortos ceñidos a la rodilla, y blusa con cuello de marinero, de dril blanco, como los pantalones, y medias de seda colorada, y zapatos bajos. Como lo quieren a él mucho; él quiere mucho a los demás. No es un santo, ¡oh, no!, le tuerce los ojos a su criada francesa cuando no le quiere dar más dulces, y se sentó una vez en visita con las piernas cruzadas, y rompió un día un jarrón muy hermoso, corriendo detrás de un gato. Pero en cuanto ve un niño descalzo le quiere dar todo lo que tiene; a su caballo le lleva azúcar todas las mañanas, y lo llama "caballito de mi alma"; con los criados viejos se está horas y horas, oyéndoles los cuentos de su tierra de África, de cuando ellos eran príncipes y reyes, y tenían muchas vacas y muchos elefantes; y cada vez que ve Bebé a su mamá, le echa el bracito por la cintura, o se le sienta al lado en la banqueta, a que le cuente cómo crecen las flores, y de dónde viene la luz al sol, de qué está hecha la aguja con que cose, y si es verdad que la seda de su vestido la hacen unos gusanos, y si los gusanos van fabricando la tierra como dijo ayer en la sala aquel señor de espejuelos. Y la madre le dice que sí; que hay unos gusanos que se fabrican unas casitas de seda, largas y redondas, que se llaman capullos; y que es hora de irse a dormir, como los gusanitos, que se meten en el capullo, hasta que salen hechos mariposas.

Y entonces sí que está lindo Bebé, a la hora de acostarse, con sus mediecitas caídas, y su color de rosa, como los niños que se bañan mucho, y su camisola de dormir: lo mismo que los angelitos de las pinturas, un angelito sin alas. Abraza mucho a su madre, la abraza muy fuerte, con la cabecita baja, como si quisiera quedarse en su corazón. Y da brincos y vueltas de carnero, y salta en el colchón con los brazos levantados, para ver si alcanza a la mariposa azul que está pintada en el techo. Y se pone a nadar como en el baño; o a hacer como que cepilla la baranda de la cama porque va a ser carpintero; o rueda por la cama hecho un carretel, con los rizos rubios revueltos con las medias coloradas. Pero esta noche Bebé está muy serio, y no da volteretas como todas las noches, ni se le cuelga del cuello a su mamá, para que no se vaya, ni le dice a Luisa, a la francesita, que le cuente el cuento del gran comelón, que se murió solo y se comió un melón. Bebé cierra los ojos; pero no está dormido. Bebé está pensando.

La verdad es que Bebé tiene mucho en qué pensar porque va de viaje a París, como todos los años, para que los médicos buenos le digan a su mamá las medicinas que le van a quitar la

22

tos, esa tos mala que a Bebé no le gusta oír; se le aguan los ojos a Bebé en cuanto oye toser a su mamá; y la abraza muy fuerte, muy fuerte, como si quisiera sujetarla. Esta vez Bebé no va solo a París, porque él no quiere hacer nada solo, como el hombre del melón, sino con un primito suyo que no tiene madre. Su primito Raúl va con él a París, a ver con él el hombre que llama a los pájaros, y la tienda del Louvre, donde les regalan globos a los niños, y el teatro Guiñol, donde hablan los muñecos, y el policía se lleva preso al ladrón, y el hombre bueno le da un coscorrón al hombre malo. Raúl va con Bebé a París. Los dos juntos se van el sábado en el vapor grande, con tres chimeneas. Allí en el cuarto está Raúl con Bebé, el pobre Raúl, que no tiene el pelo rubio, ni va vestido de duquesito, ni lleva medias de seda colorada.

Bebé y Raúl han hecho hoy muchas visitas: han ido con su mamá a ver a los ciegos, que leen con los dedos, en unos libros con las letras muy altas; han ido a la calle de los periódicos, a ver cómo los niños pobres, que no tienen casa donde dormir, compran diarios para venderlos después, y pagar su casa; han ido a un hotel elegante, con criados de casaca azul y pantalón amarillo, a ver a un señor muy flaco y muy estirado, el tío de mamá, el señor don Pomposo. Bebé está pensando en la visita del señor don Pomposo. Bebé está pensando.

Con los ojos cerrados, él piensa: él se acuerda de todo. ¡Qué largo, qué largo el tío de mamá, como los palos del telégrafo! ¡Qué leontina tan grande y tan suelta, como la cuerda de saltar! ¡Qué pedrote tan feo como un pedazo de vidrio, el pedrote de la corbata! ¡Y a mamá no la dejaba mover, y le ponía un cojín detrás de la espalda, y le puso una banqueta en los pies, y le hablaba como dicen que les hablan a las reinas! Bebé se acuerda de lo que dice el criado viejito, que la gente le habla así a mamá, porque mamá es muy rica, y que a mamá no le gusta eso, porque mamá es buena.

Y Bebé vuelve a pensar en lo que sucedió en la visita. En cuanto entró en el cuarto el señor don Pomposo le dio la mano, como se la dan los hombres a los papás; le puso el sombrerito en la cama, como si fuera una cosa santa, y le dio muchos besos, unos besos feos, que se le pegaban a la cara, como si fueran manchas. Y a Raúl, al pobre Raúl, ni lo saludó, ni le quitó el sombrero, ni le dio un beso. Raúl estaba metido en un sillón, con el sombrero en la mano, y con los ojos muy grandes. Y entonces se levantó don Pomposo del sofá colorado: "Mira, mira, Bebé, lo que te tengo guardado: esto cuesta mucho dinero, Bebé; esto es para que quieras mucho a tu tío". Y sacó del bolsillo un llavero como con treinta llaves, y abrió una gaveta que olía a lo que huele el tocador de Luisa, y le trajo a Bebé un sable dorado — ¡oh qué sable!, ¡oh qué gran sable!— y le abrochó por la cintura el cinturón de charol —¡oh, que cinturón tan lujoso!— y le dijo: "Anda, Bebé: mírate al espejo; ¡ese es un sable muy rico: eso no es más que para Bebé, para el niño!" y Bebé, muy contento, volvió la cabeza a donde estaba Raúl, que lo miraba, miraba al sable, con los ojos más grandes que nunca, y con la cara muy triste, como si se fuera a morir: — ¡oh, qué sable tan feo, tan feo!, ¡oh, qué tío tan malo!—. En todo eso estaba pensando Bebé, Bebé estaba pensando.

El sable está allí, encima del tocador. Bebé levanta la cabeza poquito a poco, para que Luisa no lo oiga, y ve el punto brillante como si fuera de sol, porque la luz de la lámpara da toda en el puño. Así eran los sables de los generales el día de la procesión, lo mismo que el de él. Él también cuando sea grande, va a ser general, con un vestido de dril blanco, y un sombrero con plumas y muchos soldados detrás, y él en un caballo morado, como el vestido que tenía el obispo. Él no ha visto nunca caballos morados pero se lo mandarán hacer. Y a Raúl, ¿quién le manda hacer caballos? Nadie, nadie: Raúl no tiene mamá que le compre vestidos de duquesito; Raúl no tiene tíos largos que le compren sables. Bebé levanta la cabecita poco a poco. Raúl está dormido; Luisa se ha ido a su cuarto a ponerse olores. Bebé se escurre de la cama, va al tocador en la punta de los pies, levanta el sable despacio, para que no haga ruido... y, ¿qué hace, qué hace Bebé?, ¡va riéndose, va riéndose el pícaro!, hasta que llega a la almohada de Raúl, y le pone el sable dorado en la almohada.

Fuente: *Obras completas*. Caracas: 1964.

MANUEL GUTIÉRREZ NÁJERA
(1859-1895)

Nació en la ciudad de México el 22 de diciembre. Su educación primaria fue cumplida íntegramente en el hogar, con maestros particulares de latín, francés y matemáticas, como complemento.

La formación posterior es la de un autodidacto, que dispone de una biblioteca familiar importante y recibe noticias de las novedades literarias francesas del siglo XIX.

Desde joven participó activamente de la vida periodística local, alcanzando relevancia con la co-fundación junto a Carlos Díaz Dufóo, de la *Revista Azul* en 1894.

Estos dos "espíritus franceses deportados a tierras americanas", según propia definición, al crear un órgano difusor del modernismo en México, publican colaboraciones de Luis G. Urbina, Amado Nervo, Manuel José Othón, Salvador Díaz Mirón, entre otros.

La revista seguirá publicándose hasta octubre de 1896, con la dirección de Díaz Dufóo.

Dos notas deben anotarse en su breve vida y al final de la misma: jefe de redacción de *El Partido Liberal* y diputado en el Congreso de la Unión.

Falleció en la ciudad de México el 3 de febrero.

La obra literaria de Gutiérrez Nájera, algunas veces bajo el seudónimo de "El Duque Job", "Puck", "Junius" o "Ignotus", abarca poesía, prosa narrativa y crónicas periodísticas, conjunto que lo define entre los primeros modernistas hispanoamericanos.

Como narrador (cuentos y fragmentos de novela) muestra un claro dominio de fantasía, humorismo y originalidad en las imágenes.

Iván A. Schulman establece con fineza las cualidades de su prosa: "Aboga el Duque Job, sobre todo en sus cuentos y en sus crónicas de tema social, por una expresión afrancesada, de giros y vocablos franceses, de ambientes parisienses, y de temas frívolos parecidos a los de los escritores galos de la época: Mendes, Coppée, Musset, Paul de Saint Víctor y Gautier. El arraigo del influjo francés en el estro najeriano perdura hasta su muerte, a pesar de un proceso evolutivo notable en su obra después de 1882 hacia las estructuras artísticas de oriundez hispánica".

"En la renovación de la prosa Nájera desempeñó un papel relevante, si bien las variantes enraizadas en las estructuras y los giros hispánicos, representados por la prosa martiana, prevaleció a la postre, legando sus riquezas estilísticas a las generaciones de prosistas posteriores —aún hasta nuestros días". (*Génesis del Modernismo.* México: 1968, pp. 96-97).

Obra: *Cuentos completos y otras narraciones,* Pról., edic. y notas de E. K. Mapes, Estudio preliminar de Francisco González Guerrero. México: Fondo de Cultura Económica, 1958.

Crítica: Gómez Barrios, Virginia. *Bibliografía de Manuel Gutiérrez y cuatro cuentos inéditos.* México: Arana, 1958; Kosloff, Alexander. *Los cuentos de Manuel Gutiérrez Nájera.* Univ. of Southern California, 1954, (tesis doctoral); Kosloff, A. "Técnica de los cuentos en M. Gutiérrez Nájera", Revista Iberoamericana, 19, No. 38 (1954) pp. 333-357, 20, No. 39 (1955), pp. 6594; Sánchez Palomo, María Natalia. *Manuel Gutiérrez Nájera y el cuento.* México: UNAM, Fac. de Filosofía y Letras, 1938 (tesis).

LA CAPERUCITA COLOR DE ROSA

(IMITACIÓN)

I

Hubo una vez una jovencita en un pueblo, tan bonita que daba gusto verla. La belleza de la mozuela traía locas a la madre y a la abuela; la abuela desempeñaba el destino de ama de llaves en el castillo de Saint-Loup.

La muchacha no era más ni menos sencilla que sus compañeras; lo que sucedía era que desde un viaje que hizo a París con su abuela se había aprovechado tanto, que imitando el *chic* de las parisienses, pasaba por la más graciosa e interesante de su pueblo.

¿Qué pasó con este viaje a la capital del mundo civilizado? Nada digno de referirse. La abuela lo había emprendido para ir a recoger un legado de algunos centenares de escudos, que se disiparon como el humo en la compra de golosinas y adornos para uso de la nietecita, que había querido ensayar sus dientes de pequeñuela en el gran arte de engullir herencias.

II

A los trece años, nuestra heroína ya no era una niña; tenía el talle fino y bien formado, el seno blanco, los ojos grandes y negros, y las manos blancas y pequeñitas.

Era coqueta,
Maliciosa,
Provocativa,
Voluntariosa,
Vanidosa,
Glotona,
Caprichosa,
Curiosa,
E hipócrita.

IRONÍA

Reunía, en suma, todas las cualidades que son necesarias a una joven hecha ya y derecha.

En el estío, para precaverse del aire que raja el cutis, y del sol que lo quema, tenía la costumbre de usar un pequeño paño de sol, de lana.

En invierno usaba el mismo paño de sol, comprendiendo con su naciente coquetería que le estaba muy bien.

A la costumbre de usar ese tocado un poco extravagante debía el sobrenombre con que era conocida, más bien que a su semejanza con la Caperucita encarnada, que el malvado lobo se encontró tan confiada como tierna y suculenta.

III

Un día, su madre, que había hecho cocer galletas, le dijo:

—Ve a ver al castillo cómo está tu abuelita, pues me han asegurado que está enferma, y le entregas de mi parte esta galleta y este botecito de mantequilla.

La jovencita, que no deseaba, ni tenía otra ilusión que la de correr a través de los campos y sembrados, tomó el botecito de mantequilla en la mano derecha, puso la galleta bajo su brazo izquierdo, y se lanzó al campo ligera como una mariposa que ensaya sus nacientes alas.

Tenía quince años, edad dichosa en que el alma se entrega al amor como la flor a los rayos del sol, y no sabía conjugar el verbo *amar* tal como nos lo enseñan los gramáticos.

Pero en cambio tenía en los dedos de la mano, sin haberlo aprendido, el arte tan complicado de la teneduría de libros por partida doble, según los métodos antiguos y modernos.

El Debe y el Haber no tenían dificultades ocultas para ella.

¡Capital!

¡Interés!

¡En Caja!

eran las solas palabras que contenía su diccionario.

Ínterin que sus pequeñas compañeras decían: "¡Yo te amo!" a todo lo que respira, al pájaro que pasa y al enamorado que se detiene, ella decía:

—Si, como lo espero, a los veinte años he puesto en caja un millón, los intereses capitalizados me darán bien pronto dos; y cuando tenga tres, pensaré en que soy joven.

Ved el secreto de esta anomalía:

Las buenas hadas que presidieron el nacimiento de nuestra heroína habían llevado el colmo de sus favores hasta privarla de ese órgano de lujo, que se llama corazón y que es la causa primitiva de todos los males y de todas las penas humanas.

IV

En una de sus correrías, la Caperucita color de rosa se encontró una mañana al hijo único del viejo barón de Saint-Loup, en compañía de su preceptor.

Las miradas de ambos jóvenes se cruzaron como un doble fuego de artillería.

La aldeanita no bajó la vista ante este encuentro. Por el contrario, miró fijamente al caballero Avenant de Saint-Loup y le sonrió enseñando sus hermosos dientes:

—¡Buenos días, monseñor!

El joven se ruborizó como hubiera debido hacerlo la aldeanita, y balbució un:

—¡Buenos días, señorita! —apenas perceptible.

El caballero Avenant tenía veinte años ya cumplidos, una figura simpática, ojos azules como el azul del cielo y cabellos rubios como los de Apolo; pero su inteligencia no correspondía a las cualidades antes dichas; era un poco simplón, por no decir una palabra algo más dura a propósito de tan amable caballero.

—¡He aquí un guapo mozo! —díjose a sí misma la Caperucita color de rosa, después del primer encuentro—. Pronto lo engulliré y haré que me ame hasta el delirio, o más bien haré que se case conmigo, lo que viene a ser lo mismo.

—Yo lo tengo guardado aquí y acá —añadió ella tocándose la frente y el lugar en que los demás tienen el corazón—; día vendrá en que llegue a ser la mujer del hijo de mi señor.

A pesar de la revolución que cree torpemente haber abolido para siempre los títulos y señoríos, el hombre que habita el castillo o la mejor casa de campo de una aldea es siempre el señor a los ojos de los paisanos, que se creerían deshonrados si no pudieran dar este nombre a alguien, aunque fuese este alguien un pillo enriquecido en el presidio o un boticario retirado.

V

Dos montañas no se encuentran, dice la sabiduría de las naciones, pero dos jóvenes sí se encuentran; sobre todo, cuando no tienen más deseo que el de encontrarse.

La Caperucita color de rosa siguió encontrándose varias veces, en el camino, a Avenant, por casualidad algo prevista y arreglada de antemano.

El jovencito se ruborizaba aún, pero se ruborizaba menos; pronto dejó de ruborizarse; llegó a articular palabras casi inteligibles, después frases muy claras. En fin, un día, día tres veces dichoso, se atrevió a tomar la mano de la aldeanita y llevarla con galantería a sus labios.

Desde ese momento las citas se sucedieron sin interrupción, y la astuta muchachuela, queriendo precipitar el desenlace que había soñado, preparó su red con maquiavelismo digno del difunto Lovelace, que jamás ha existido.

VI

Partió, pues, para el castillo con su galleta y su botecito de mantequilla.

Ínterin consideró que su madre podía verla, siguió el camino real con paso menudito, tal como una persona razonable debe andar sobre el piso cuidado por el señor prefecto; pero al primer recodo del camino cambió bruscamente el rumbo y a todo correr tomó por una vereda que conducía directamente al parque del castillo de Saint-Loup, lugar en donde estaba segura de encontrar al caballero Avenant. Había apenas comenzado su loca carrera, cuando de repente se encontró frente a frente con el viejo de Saint-Loup, que volvía de caza.

—¿A dónde vais tan de prisa, hermosa niña? —le dijo tomándole las dos manos.

—Voy al castillo, señor barón, voy a entregar esta galleta y este botecito de mantequilla a mi abuelita —respondió la Caperucita color de rosa, bajando los ojos con mucha humildad y candidez.

—Si vas al castillo iremos juntos, pequeñuela —e incontinente trató de darle un beso.

—Imposible —dijo la aldeanita, salvándose con la ligereza de una cervatilla espantada—, yo no voy por el mismo camino que el señor barón.

—¿Qué importa eso? Tu camino será el mío.

—¿De veras? pues el mío no será el vuestro; mi madre me ha recomendado mucho que evite la compañía de los hombres, y sobre todo la de los lobos.

—Cruel niña, según eso, tú no quieres amarme.

—¿Que no os amo, señor barón? Todo lo contrario, os estimo y os venero.

—¿Quién diablos te pide tu veneración? —exclamó el barón enojado—, ¿acaso soy yo un vejancón de ciento y siete años? ¡Ah! si quisieras escucharme un rato... nada más que un rato, yo haría por agradarte.

—¿De veras?

—¡A fe de gentilhombre! Haz la prueba inmediatamente.

—Pues bien, llevad mi galleta y mi botecito al castillo. Depositadlo en el despacho, de donde yo lo tomaré y os quedaré reconocida.

—Te los llevaré y más tarde te diré cómo entiendo yo el reconocimiento. ¿Cuándo te volveré a ver, mascarita?

—Probablemente mañana temprano... porque

ya es bastante tarde, y tendré que quedarme en el castillo con mi abuelita. Hasta otra vista, señor barón —y volvió a emprender su carrera.

—¡Ah! si tú quisieras, si tú quisieras... gentil Caperucita color de rosa —díjole de nuevo el viejo barón de Saint-Loup, corriendo y cojeando tras de ella.

—Sí, sí, está bueno, ya conozco vuestro refrán, me lo habéis dicho más de una vez.

—Te amaré mucho.

La aldeanita seguía corriendo.

—Te haré rica.

La aldeanita seguía corriendo.

—Te haré feliz.

La aldeanita seguía corriendo.

—Te haré baronesa de Saint-Loup.

La aldeanita se detuvo de repente.

" ¡Baronesa! ¿Ha dicho baronesa?", se preguntaba a sí misma, haciéndose toda oídos para volverlo a oír, pero inútilmente, porque el pobre señor de Saint-Loup, no pudiendo más con la carrera, cayó rodando sobre el césped.

—¡Bah! ¡Bah! —se dijo ella— pues, ¡no soy buena tonta de preocuparme con las declaraciones de este viejo loco! ¡Casándome con su hijo llegaré también a ser baronesa, y mi marido será joven, hermoso y tonto, tres grandes cualidades para un marido! Vete, vete, viejo feo, no has de ser tú quien se engulla a la chicuela; la chicuela, por el contrario, será quien se engulla a tu lobezno, que en verdad es guapo mozo.

VII

Al cabo de un cuarto de hora de carrera la aldeanita llegó y se entró furtivamente en el parque del castillo de Saint-Loup.

—¿Qué sucede? —díjole al joven Avenant,

a quien encontró sentado sobre un banco de granito musgoso, con semblante triste y abatido.

—¿Qué os ha acontecido, mi hermoso caballero?

—La más grande de las desgracias.

—Os comprendo: habéis hablado de nuestro casamiento al barón y ha rehusado dar su consentimiento.

—Es la verdad.

—Me lo esperaba. Pero es igual. Avenant, habéis dado una prueba de valor, y estoy contenta de vos; en prueba de ello, venidme a besar en ambas mejillas como recompensa.

El joven obedeció con los ojos bajos.

—Ahora, sentaos a mi lado, y hablemos seriamente, pero antes de todo dadme vuestro pañuelo, para que enjugue el sudor que corre por vuestra frente. ¡Pobre niño! ¡Aún no os acostumbráis a las luchas de la vida! Mirad cómo vuestros hermosos ojos están rojos. Habéis llorado, y vuestros rubios cabellos están pegados a las sienes, como si hubierais tomado un baño. Ángel querido, no tembléis así: ¿acaso no estoy cerca de vos para defender nuestra felicidad? —añadió ella tomando un tonito protector y volviéndose a poner el paño de sol, que se había quitado para que Avenant pudiese con más facilidad besarla.

—Ahora volveos al castillo, y arreglad vuestras maletas de viaje.

—¿Para qué? —dijo Avenant, mirando a la Caperucita color de rosa, con aire sorprendido.

—¿Cómo para qué? ¿No habéis, pues, comprendido, inocente niño, que como consecuencia de vuestra necia confesión el señor barón va a mandar espiaros?

— ¡Es muy posible!

—Y ya no nos volveremos a ver.

— ¡Cielos!

—Y que si nos sorprende juntos, os encerrará en vuestro cuarto.

—¡Es muy probable!

—Y vuestra Caperucita color de rosa morirá de pesar, lejos de.su amado.

—¡Jesús María!

—Tranquilizaos —le dijo ella riendo a carcajadas—, ya he encontrado remedio a nuestros males. Esta tarde os robo; es decir vos me robáis y partimos para París; allá encontraremos dinero en el bolsillo de los agiotistas, de personas de quienes diremos mucho malo después de que nos hayan servido; yo sé perfectamente cómo se hace todo esto. Vos firmaréis libranzas con fechas imaginarias, pagaderas al año. Vamos, miedosillo, consolaos y sonreídme, que os vea vuestros lindos dientes más blancos que la leche de mi hermosa vaca negra.

—¿Pero cómo pagaré dentro de un año?

—¿Es menester decíroslo? ¿No seréis mayor de edad entro de seis meses?

—Sí.

—Pues bien, venderéis vuestros sembrados.

—Son de mi papá...

—O vuestras hermosas granjas.

—Son también de mi papá.

—O vuestros lindos bosques.

—Son también de papá.

—O vuestro gran castillo.

—Es de papá.

—Según eso, ¿todo es de vuestro papá? —dijo la Caperucita color de rosa, levantándose súbitamente.

—Sí. Mi madre era pobre, toda nuestra fortuna pertenece a papá; pero mis dientes, mis cabellos, mis ojos y mi sonrisa que tanto amáis me pertenecen.

—Esto sólo me faltaba —reflexionó la joven—. Fracasó mi negocio.

—Sin embargo, tranquilizaos —dijo Avenant, que con todo y su inocencia había notado el desconsuelo de su amada—; he encontrado un medio infalible de conciliarlo todo, y de que al fin y al cabo me conceda mi padre la razón.

—Veamos ese medio —dijo la pequeñuela, creyendo por un instante que Avenant era menos imbecil de lo que se había imaginado.

—Partiremos juntos e inmediatamente como lo deseáis: nos amaremos con ternura, trabajaremos para poder vivir. Nos casaremos cuando las leyes quieran permitírnoslo, y cuando ya tengamos media docena de chiquitos, ellos irán a arrojarse a los pies de su abuelito, que nos perdonará, tan pronto como sepa lo mucho que hemos sufrido.

—¿Ese es vuestro proyecto? Y ¿creéis, señor, que sea yo una muchacha capaz de desviar a un joven de sus deberes? Os equivocáis, adiós —y volvióle la espalda al pobre Avenant, que se quedó lelo y aturdido con tan inesperada fuga.

E iba diciendo la Caperucita color de rosa:

—El barón es viejo y feo, pero rico y me adora. Pues... en lugar del lobezno engulliréme al lobo. Es más duro, es cierto, pero al fin tengo buenos dientes...

La joven apresuró el paso, porque la noche comenzaba ya a sombrear la tierra; no se distinguía más que una que otra luz en el castillo, y los grandes álamos movidos por el viento, parecía que saludaban a su paso a la futura propietaria del dominio.

VIII

Después de poner en punta sus huesos de setenta y dos años, el barón exclamó:

—Por el blasón de mis padres que me ahorquen, ni más ni menos como a un villano, si no estoy yo perdidamente enamorado de esa deliciosa Caperucita color de rosa, y si se la dejo al bonachón de mi hijo que aún no está en edad de poder apreciar bocado tan sabroso. ¡Y qué! yo que tengo algo de Richelieu en el ojo derecho y algo de Lauzan en la nariz izquierda, ¿no lograré al cabo triunfar de una aldeanita? ¡Esto lo veremos, por la sangre azul que circula en mis venas! Las revoluciones habrán podido abolir los privilegios; ¡pero no bastardear las razas! Yo soy lo que eran mis abuelos; valgo lo que mis antepasados. <u>Mi tatarabuelo "Messire le Loup" se engulló a Caperucita.</u> Yo engulliré a la mía. La de mi tatarabuelo era encarnada, la mía será color de rosa; que al fin el color no importa nada. De lo que se trata es de hacer una jugarreta, una jugarreta a mi manera, una jugarreta a estilo de la "regencia".

Y el barón se puso a escarbar los recuerdos de su juventud.

—A fe mía —díjose, después de haber reflexionado maduramente— que las viejas astucias son siempre las mejores, por la sencilla razón de que ya han servido muchas veces. Esta noche me introduciré en la habitación de mi ama de llaves, alejaré con cualquier pretexto a la anciana, y cuando la Caperucita llegue, ¡veremos!

IX

Entretanto que el viejo barón, absorto en sus ideas anacreónticas volvía al castillo, ligero como un joven de quince años, la Caperucita color de rosa tocaba a la puerta de su abuela.

¡Toc, toc!

—¿Quién es?

—Soy vuestra nieta.

La buena abuela, que estaba acostada porque se hallaba enferma, le grita desde la cama:

—Tira del cordoncillo de la tranca y la puerta se abrirá.

La joven tiró del cordoncillo y la puerta se abrió.

Al entrar se echó en brazos de su abuela, se la comió a besos, y le contó yo no sé qué enredo.

Lo único que sí puedo decir es que la anciana se vistió a toda prisa, siguió a su nieta sin vacilar hasta detrás del palacio, donde fue encerrada con tres vueltas de llave, por la cruel niña, sin tener piedad de su edad venerable, ni respeto a su sagrado título de abuela.

—Si no se me ha olvidado la historia de la Caperucita encarnada de quien dicen desciendo directamente —iba reflexionando la aldeanita mientras llegaba al cuarto de su abuela, cuarto que hacía las veces también de comedor y sala—, el lobo vendrá a querer engañar a la anciana, y se encontrará ya todo arreglado. ¿Le disgustará? No lo creo. Entretando, arreglemos la mesa; se goza mejor de la conversación cenando.

Apenas había puesto el mantel sobre la mesa vieja y coja, cuando tocaron a la puerta.

¡Toc, toc!

—¿Quién es?

El barón de Saint-Loup, que quería entrar por astucia a un lugar al que podía presentarse como señor y dueño, respondió:

—Vuestra nietecita me encargó que os entregase una galleta y un botecito de mantequilla que os envía su mamá.

La Caperucita color de rosa le respondió engruesando la voz:

—Tirad del cordoncillo de la tranca y la puerta se abrirá.

El viejo barón tiró del cordoncillo y la puerta se abrió.

La joven, al verlo entrar, lanzó una larga y sonora carcajada.

—Sentaos, señor barón, y cenemos mientras viene mi abuelita, que fue al bosque vecino para ver si las crías de cabras marchan bien.

El barón se sentó.

Y la cena fue alegre.

Y la muchcha no se engulló al lobo, la primera noche; pero fina como el ámbar, no le permitió tampoco engullir nada.

Sin embargo, no llegó su severidad hasta el grado de desesperarlo; le concedió un poquito, muy poquito, lo bastante para hacerse desear más.

X

Al día siguiente, el viejo barón instaló a la Caperucita en una linda casa situada a dos tiros de arcabuz del castillo, en donde vive como una princesa de *Las mil y una noches*.

Se ha engullido ya las granjas, los bosques y los prados; aún no se engulle la baronía, pero llegará a conseguirlo, por medio de este paso lento y seguro que de nadie es conocido, más que de la mujer y la tortuga.

El barón la acaricia desde la mano hasta el codo, pero cuando le acontece querer pasar de ese punto, ella le repele con la punta de su abanico, diciéndole con graciosa sonrisa:

— ¡Deseo ser baronesa de Saint-Loup!

Veinte veces por hora y cien por día, el barón oye resonar a su oído, como un toque fúnebre, estas eternas palabras.

— ¡Deseo ser baronesa de Saint-Loup!

Al fin llega el día en que, más enamorado y repelido que nunca, cae el barón a sus pies y exclama:

—Dentro de ocho días seréis baronesa de Saint-Loup.

XI

Las más hábiles costureras de París fueron

llamadas para arreglar los vestidos de la señorita que bien pronto será señora.

Todo el pueblo entra en movimiento.

Sólo el caballero Avenant falta a la fiesta.

La astuta aldeanita, juzgando que un día u otro ese joven podría servir de obstáculo a su ambición, ha logrado que su padre lo envíe a viajar para ver mundo y completar su educación. A estas horas, se encuentra en Palestina, lugar en que sus abuelos se cubrieron de gloria, allá por el año de 1160.

XII

El día señalado para que se efectuasen estas felices bodas, desde el amanecer, la futura baronesa ya vestida, con corsé y de guantes, está lista para la ceremonia y envía a avisar al señor Alcalde y al señor Cura.

A mediodía vienen a anunciarle que todos están dispuestos y que sólo al novio esperan.

Corre ella al cuarto del barón, toca y nadie le contesta. Entra... nada, —le llama... nada. —Corre más muerta que viva, hacia el lecho del barón, descorre violentamente las cortinas... ¡y ve! —al viejo señor de Saint-Loup que dejó de existir súbitamente.

—Vaya, vaya —murmura en voz baja sin pestañear siquiera—; ¡esto es lo que se llama nadar, nadar y a la orilla ahogar!; ¡felizmente me queda por engullir al muchachuelo!— E incontinente, en el mismo cuarto del difunto, escribe la siguiente carta:

"Mi querido Avenant:

"Venid, vuestro querido padre ha muerto, y vuestra Caperucita color de rosa, que os ama con ternura, os espera para conduciros al altar".

Avenant regresa por la posta; llega con bigotes grandes engomados, más fuerte que cuando partió a la Palestina, pero ni siquiera con la mitad de la astucia de una joven de diez y seis años.

—Querido Avenant —le dice ella al verlo, arrojándose a su cuello— ¡cómo os he llorado! pero ya que estáis aquí olvidemos todo.

—¡Ah! Caperucita color de rosa, ¡qué voz tan dulce!

—Es para que te agrade, hermoso mío.

—¡Qué brazos tan hermosos son los tuyos!

—Es para abrazarte mejor.

—¡Qué grandes son tus ojos!

—Es para verte mejor, cielito mío.

—¡Qué blancos y menudos son tus dientes...!

—Es para morderte mejor, hermoso mío.

Y tanto lo mordió y con tan buenos modos que al fin llegó a ser baronesa de Saint-Loup.

MORALEJA

El autor de quien tomo esta leyenda agrega para concluir:

¡Si no os habéis burlado de mi cuento, queridos y honrados lectores, debéis convenir conmigo en que los tiempos, las jóvenes y los hombres han cambiado mucho! Hoy ya no es un lobo quien se engulle a la chicuela; la chicuela es quien engulle al lobo.

FRANCISCO GAVIDIA
(1863-1955)

Nació en la ciudad de San Miguel, El Salvador, el 27 de diciembre. Allí cursó primaria y secundaria, los que concluidos en 1880, le permiten matricularse en la Universidad Nacional, para lo que se trasladó a San Salvador.

Matriculado en la carrera de leyes, su marcada inclinación por las artes y las letras, lo lleva decididamente a dedicarse completamente a éstas.

Estudia griego, latín, francés, cultiva la música como ejecutante de piano, traduce a los poetas clásicos, publica sus primeros versos y ejerce la docencia.

De paso por San Salvador, en 1882, Rubén Darío, lo busca sabedor de la libertad con que empezaba a manejar el alejandrino francés, asunto en el que el nicaragüense superará lo previsible.

La firme amistad que los unirá, siempre confirmada por ambos, contribuirá no sólo a la difusión de las nuevas corrientes literarias europeas (particularmente francesas) sino a la substancia renovadora de la expresión poética en lengua española.

Gavidia, en 1892, hace público su manifiesto literario a la juventud americana, en la que señala algo tan importante como esto:

"El verso es el molde del lenguaje. La civilización no tiene modos adecuados de expresión: inventémoslos".

En la práctica, ha dejado renovaciones en el alejandrino castellano, y en la adaptación del hexámetro latino, asuntos que tomarán después Darío y Guillermo Valencia.

La Real Academia Española lo designa Miembro correspondiente en 1885, en. mérito a sus aportes teóricos, demostrados tanto en su obra poética como en la de traductor (ejemplo: *Stella* de Victor Hugo, hecha en 1884, punto de inicio para la introducción del alejandrino francés).

Viaja a París para perfeccionar sus conocimientos culturales, estudia inglés, alemán e italiano.

De regreso a El Salvador, se interesa por todos los aspectos vinculados a lo maya-quiché, e ingresa como docente activo de la Universidad Nacional.

En 1895 ocupa la Secretaría de Instrucción Pública, cumpliendo una eficaz obra multiplicadora de la educación en todo el país, elaborando proyectos avanzados para su época.

Su decisión de mantener independizados los destinos de la universidad de los propios y oscilantes de la política local, lo obliga a dejar el cargo por intransigencia del Presidente de la República.

Con tal motivo, creó la Universidad Libre, que por asfixia económica debió clausurar su actividad.

La inquietud en pro de la cultura salvadoreña, lo llevó a ocupar el cargo de Presidente del Ateneo, Miembro de las Academias de la Lengua y de la de Historia, a escribir valiosos trabajos sobre filosofía, pedagogía, filología, historia de los mayas y la de su país.

A partir de 1913, el Estado comenzó la edición de su obra de creación y de crítica.

Falleció en San Salvador, el 23 de setiembre.

Max Henríquez Ureña, sintetizó en el breve juicio que transcribimos una valoración a su obra.

"La producción de Gavidia es tan variada como extensa. Dotado de vasta cultura, con buena base humanística, y conocedor de los clásicos y modernos, Gavidia, gran lector políglota, ha cultivado como un placer el arte de traducir: lo mismo adapta o parafrasea un drama de Goethe que una comedia dé Molière; o traduce íntegramente *La Divina Comedia* e igualmente hace con la *Mireya* de Mistral.

"Ha espigado con acierto el campo de la filología y también en el de la historia. Como historiador no se conforma con eslabonar acontecimientos: le seduce la poesía de la historia, convertida muchas veces en leyenda. Su tradición *El encomendero* es una buena muestra de su habilidad para narrar sucesos reales embellecidos por la fantasía del pueblo" (*Breve historia del modernismo*. México: 1954, pp. 402).

Obra: *Cuentos y narraciones*. San Salvador: 1931.

Crítica: Ibarra, Cristóbal H., *Francisco Gavidia y Rubén Darío, semilla y floración del modernismo: ensayo*. San Salvador: Ministerio de Cultura, 1958; Paz Paredes, Margarita. "Francisco Gavidia: el precursor del modernismo que ha vivido para contar la historia", *Síntesis,* San Salvador: enero de 1955, pp. 97-102; Subero, Efraín. "Francisco Gavidia, el verdadero precursor del modernismo", *Revista Nacional de Cultura,* 178 (1966), pp. 23-31, Caracas.

LA LOBA

Es Cacaotique que modernamente se pronuncia y escribe con toda vulgaridad Cacahuatique, un pueblo encaramado en las montañas de El Salvador, fronterizas a Honduras. Por allí nació el bravo general don Gerardo Barrios que, siendo Presidente de la República, más tarde se hizo en Cacahuatique una finca de recreo, con dos manzanas de rosales y otras dos de limares, un cafetal que llegó a dar 900 sacos, y una casa como para recibir a la Presidenta, mujer bella y elegante por extremo. Un vasto patio de mezcla, una trilla y una pila de lavar café; una acequia que charlaba día y noche al lado de la casa, todo construido en la pendiente de una colina, arriba y de modo que se dominaban de allí las planicies, los valles y vericuetos del cafetal cuando se cubría de azahares; la montaña muy cerca en que se veía descender por los caminos, casi perpendiculares, a los leñadores con su haz al hombro; por otro lado, montes; por otro, un trapiche, a tiempos moliendo caña, movido por bueyes que daban vuelta en torno suyo, a tiempos enfundado en un sudario de bagazo, solitario y silencioso bajo un amate copudo; más allá cerros magníficos, uno de los cuales estaba partido por la mitad; limitando la finca, una hondonada en cuyo abismo se enfurecía un torrente, lanzando ahogados clamores; aire frío, cielo espléndido, y cinco o seis muchachas bonitas en el pueblo; éstos son recuerdos de la infancia.

Mi padre compró la finca de la viuda del Presidente, y dejando a San Miguel vivimos en ella por tres años. Yo tendría entonces unos ocho. Algo más quisiera escribir sobre aquel pueblo, pero no hay tiempo; no dejaré de mencionar, sin embargo, uno de los más soberbios espectáculos que puede verse. Desde la plazoleta del Calvario se ve extenderse un valle de diez o doce leguas de anchura. Por él pasaban otro tiempo, formando selvas de picas, carcaj al hombro, las huestes innumerables de Lempira. En el fondo del valle se ve arrastrarse el Lempa, como un lagarto de plata. El un lado del río, hasta San Salvador, se llamó Tocorrostique; el otro lado, hasta San Miguel, se llamó Chaparrastique. Más allá del valle se extiende el verde plomizo de las selvas de la costa; y más allá, como el canto de un disco, la curva azul de acero del Pacífico. Un cielo tempestuoso envuelve con frecuencia en las nieblas de un deshecho temporal el gigantesco panorama. Como el valle se extiende hasta el mar, desde el mar vienen aullando los huracanes, por espacio de cincuenta leguas, a azotar los liquidámbares de las montañas de Honduras. Por eso habréis oído decir que alguna vez el viajero que pasa la altura de Tongolón, desde donde se ven los dos océanos, derribado por el viento furioso, rueda por los precipicios horribles.

* * *

Cacahuatique es un pueblo en que se ve palpablemente la transición del aduar indígena al pueblo cristiano. Los techos pajizos se mezclan a los tejados árabes que adoptó sin restricción nuestra arquitectura colonial. Los cazadores usan la escopeta y la flecha. El vocabulario es una mezcla pintoresca de castellano y lenca, y la teogonía mezcla el catolicismo, al panteísmo pavoroso de las tribus. Todavía recuerdo el terror infantil con que pasaba viendo al interior de una casucha donde vivía una mujer, de quien se aseguraba que por la noche *se hacía cerdo*.

Esta idea me intrigaba, cuando al anochecer, iba a conciliar el sueño y veía la cornisa del cancel de la alcoba; cornisa churrigueresca que remedaba las contorsiones de las culebras que se decía que andaban por ahí en altas horas. Pensaba también en que podía oír los pasos que se aseguraba que solían sonar en la sala vecina y que algunos atribuían el difunto Presidente.

Quitad de este pueblo los tejados árabes, las dos iglesias, los innumerables árboles de mango que se sembraron entre los años de 1840 a 1860, importados de la India; quitad las cruces del cementerio, su levita de algodón, bordada de cinta de lana, al alcalde; sus pañolones de seda a las aldeanas descalzas; suprimid los caballos y los bueyes, y ya Cacahuatique es lo que era antes de la conquista, con sus ídolos acurrucados en el templo, cuyas paredes ofrecen un intrincado mosaico donde las florescencias y los animales, se mezclan a la figura humana, como el espíritu humano se mezclaba en la sombría filosofía indígena a los brutos, a los árboles y a la roca.

Como hayáis concebido este pueblo en su faz primitiva, empiezo mi narración, que es, en el fondo, la que me hizo Damián, un mayordomo.

Kol-ak-chiutl (Mudada de Culebra), que en la tribu por abreviación acabaron por pronunciar Kola, era una mujer que se iba enriqueciendo a ojos vistas, debido a que era bruja y además ladrona.

Tenía una hija, Oxil-tla *(Flor de Pino)*, de ojos pardos como la piel de una liebre montés. Su pie era pequeño; sus manos, que sólo se habían ensayado en devanar algodón y en tejer lienzos de plumas, puestas al sol dejaban pasar la luz como una hoja tierna. Su pecho era como la onda del río. Para completar su belleza, niña aún, su abuelo materno le había pintado el más lindo pájaro en las mejillas. Kola llevó un día su hija al campo, y ahí le dijo un secreto. Tres días después Kola había ido con ella al peñol de Arambala, donde moraba Oxtal (Cascabel), señor de Arambala, con diez mil flechazos que defendían el peñol; pues el príncipe se había apoderado de la comarca por traición. Invitado a una fiesta, su gente, que había dejado en los bosques vecinos, cayó de improviso en la tribu embriagada con aguardiente de maíz. Kola y su hija Oxil-tla pusieron a sus pies una sábana de pieles de ratón montés y un dosel de plumas de quetzal. Oxtal las besó en los ojos y esperó en silencio. La madre hizo una seña a su hija y ésta ruborosa, desdobló el manto y puso a los pies del cacique sus ídolos de piedra de río.

Entonces Kola habló de esta manera:

—Éstos son los cuatro dioses de mis cuatro abuelos, el quinto es el mío y el sexto el de esta paloma, que trae su familia para mezclarla con la tuya.

Oxil-tla bajó los ojos.

—Oxtal, señor de Arambala, tiene tantas esposas como dedos tiene en las dos manos; cada una le trajo una dote de valor de cien doseles de plumas de quetzal y de cien arcos de los que usan los flecheros de Cerquín. Tu paloma no puede ser mi esposa sino mi manceba.

Kola se levantó, empujó suavemente a su hija, desde la puerta, y dijo:

—Tus ojos son hermosos como los del gavilán y tu alma es sabia y sutil como una serpiente: cuando la luna haya venido a iluminar el bosque por siete veces, estaré aquí de vuelta. Cada hijo que te nazca de esta paloma tendrá por nahual una víbora silenciosa o un jaguar de uñas penetrantes. Los mozos que van a mi lado a las orillas de las cercas a llamar por boca mía su nahual, fiel compañero de toda su vida, atraen a su llamamiento a los animales más fuertes, cautelosos y de larga vida. Oxil-tla, camina delante.

Por esta razón Kola había visto una tarde, con impaciencia, el árbol del patio donde estaban hechas seis rayas.

—Seis veces la luna ha iluminado al bosque —dijo— y aún falta mucho para completar tu dote.

La viva tristeza de Oxil-tla se iluminó un momento por un rayo de alegría.

Porque Oxil-tla iba por las tardes a la cerca del maizal vecino, siempre que el zumbido de una honda hacía volar espantados a los pájaros negros de la comarca; ¡de tal modo el poderoso hondero hacía aullar el pedernal en los aires!

En el verde y floresciente maizal había oído ella la canción que solía murmurar entre dientes cuando estaba delante de su madre:

Flor de pino, ¿recuerdas el día
En que fuiste, a los rayos del sol,
A ofrecer esa frente que es mía
Al beso altanero
Del cacique que guarda el peñol?
Di a tu madre, cuando haya venido
La ancha luna por séptima vez,
Que yo he de ir a su sombra escondido,
Y que hará al guerrero
La piedra de mi honda caer a mis pies.

El que así canta en el maizal es Iquexapil (Perro de Agua), el hondero más famoso que se mienta desde Cerquín a Arambala; ora Oxil-tla ama a Iquexapil, por eso se regocija de que su madre no pueda recoger una dote por valor de cien doseles y cien arcos.

Kola, meditabunda, pues ambiciona que su bella hija sea la esposa de un cacique, toma una resolución siniestra: llama en su auxilio al diablo Ofo, con todo su arte de llamar a los nahuales.

Una noche que amenazaba tempestad, fue a la selva e invocó a las culebras de piel tornasol; a las zorras que en la hojarasca chillan cuando una visión pasa por los árboles y les eriza el pelo; a los lobos a los que un espíritu de las cavernas les pica el vientre y les hace correr por las llanuras; a los cipes que duermen en la ceniza y a los duendes que se roban a las mujeres de la tribu para ir a colgarlas de una hebra del cabello en la bóveda de un cerro perforado y hueco, de que han hecho su morada. La invocación conmovía las raíces de los árboles que se sentían temblar.

En la bruma del río que había mezclado su rumor el odioso conjuro, llegó Ofo, el diablo de los ladrones, y habló de tal manera a los oídos de la bruja, que ésta volvió contenta a su casa, donde halló a Oxil-tla dormida.

Pronto se habló de muchos robos en la tribu y sus alrededores. Uno hubo que puso un lienzo de plumas valiosas en la piedra de moler y se escondió para atisbar al ladrón. Vio llegar una loba, a quien quiso espantar; la loba saltó sobre él, le devoró y se llevó el lienzo. La población estaba aterrada.

Kola, desde la puerta de su casa, aguardaba impaciente que la luna dejase ver tras los montes su disco angosto como un puñal de piedra.

* * *

Ahora, he aquí lo que pasó una noche. Mientras Oxil-tla dormía profundamente, Kola se levantó desnuda. El frío de la noche es glacial y la sombría mujer echa al horno los troncos más gruesos, en que empiezan a avivarse ascuas enormes. La bruja entonces toma la sartén de las oraciones, en que presentara a su dios la sangre de las liebres sacrificadas al venir la estación de las lluvias. Coloca esta sartén en medio de la casa, da saltos horribles al fulgor de la hoguera, hace invocaciones siniestras a Ofo, y finalmente vomita en el tiesto un vaho plomizo que queda ahí con aspecto de líquido opalino; ¡es su espíritu! En aquel momento la mujer se había transformado en loba. Entonces se fue a robar.

En el silencio de la noche, la claridad de la hoguera hizo abrir los ojos a Oxil-tla, que mira en torno, busca y llama a su madre que ha desaparecido.

La joven se levanta temerosa. Todo es silencio. Recorre la casa y da en el tiesto, en que flota algo como líquido y como vapor.

—Madre —dice la joven—, madre fue al templo y dejó impuro el tiesto de las oraciones; una buena hija no debe dejar nada para mañana: es preciso acostumbrarse a un trabajo regular; que más tarde Iquexapil vea en mí una mujer hacendosa.

Al decir esto, se inclina, toma el tiesto y arroja a la hoguera su contenido: el fuego crece con llama súbita, pero luego sigue ardiendo como de ordinario.

Oxil-tla guarda el tiesto, se acuesta de nuevo y, para calmar su temor, procura conciliar el sueño y se duerme.

A la madrugada, la loba husmea toda la casa, va, se revuelve, gime en torno, busca en vano su espíritu. Pronto va a despuntar el día. Oxil-tla se despereza, próxima a despertarse con un gracioso bostezo. La loba lame impaciente el sitio en que quedó el tiesto sagrado. ¡Todo es en vano!: antes que su hija despierte, gana la puerta y se interna por el bosque, que va asordando con sus aullidos. Aunque volvió las noches subsiguientes a aullar a la puerta de la casa, aquella mujer se había quedado loba para siempre.

* * *

Oxil-tla fue la esposa de Iquexapil.

* * *

Estas formas tomaba la moral en los tristes aduares.

(1913).

Fuente: *Cuentos y narraciones*, 2a. edic. San Salvador: M.E.C., 1961.

JULIÁN DEL CASAL
(1863-1893)

Nació en La Habana, Cuba, el 7 de noviembre. Recibió educación con los jesuitas hasta el nivel de bachillerato, ingresando luego a la Universidad de La Habana, con el propósito de estudiar Derecho, lo que no se concretó, según se sabe, en 1879.

Sus primeros poemas son difundidos por *El Ensayo* (1881), pero en los que afirma su personalidad modernista, los publica en *La Habana Elegante,* importante revista literaria dirigida por su amigo el poeta Enrique Hernández Miyares, y aparecen fechados en 1885.

Viajó a España, residió en Madrid y mantuvo buena amistad con el historiador mexicano D. Francisco A. de Icaza.

De regreso a Cuba, se dedicó al periodismo, escribiendo crónicas y críticas en *La Discusión* (1889), colaboraciones varias en *El País* (1890), y cuentos en *La Habana Elegante* (1893).

''En 1891 parece estar un tanto enamorado de María Cay, la hermana de su amigo Raúl, el cónsul del Japón en La Habana. Sus amigos se refieren a una Julia, 'La Criolla', especie de cortesana finisecular, con quien sugieren que tuvo una relación tempestuosa. Pueden señalarse a este respecto los versos 'A Berta', incluidos en *Hojas al Viento,* que parecen indicar un episodio apasionado de su juventud".

"Casal vivió solitario, pero entre muchos amigos, la vida humilde de todos los patriotas cubanos en la última colonia española. Fue una vida de penuria intelectual y cierta estrechez económica; pero a juzgar por sus escritos, nunca le faltó trabajo en las publicaciones de su época. Su genuina tragedia fue su condición física, la terrible enfermedad que le causó la muerte [tuberculosis] y cuyos dolores e inconvenientes parece haber ocultado valientemente". (Figueroa, Esperanza. "Comentario biográfico y rectificaciones", en: *Julián del Casal,* pp. 11 y 14).

Falleció en La Habana, el 21 de octubre.

Hace apenas dos décadas, con motivo del centenario de su nacimiento, que se publicaron en La Habana, los tres volúmenes conteniendo la obra en prosa de Casal (crónicas, reseñas, artículos, cuentos, relatos breves, poemas en prosa), que permitieron el estudio estético-estilístico de la contribución del poeta a la prosa modernista.

Como afirma uno de los críticos que con aguda sensibilidad analizó los elementos decadentes en su prosa, las relaciones entre decadentismo y modernismo en Casal, con otros aspectos asociados:

"No fue difícil constatar que el dulce poeta de la melancolía y de la tristeza, mostraba ya, desde sus primeras creaciones en prosa, aquellos rasgos e ingredientes de estilo que servirían para configurar y definir una de las más importantes tendencias estéticas del movimiento en sus inicios: lenguaje opulento, cromatismo efectista, ornamentación lujosa, aristocratismo temático, lirismo efusivo y suntuosidad descriptiva".

"Si examinamos de conjunto todos los relatos debidos a la pluma de Julián del Casal, podemos arribar a unas breves conclusiones sobre los aspectos más sobresalientes de su naturaleza temática y estructural. En primer lugar, la gran mayoría de los relatos casalianos se limitan a brindarnos, dentro de una trama de acción mínima, la semblanza de variados personajes aquejados por tragedias o desajustes físicos y sicológicos; descripción de ambientes lúgubres y tristes; situaciones de enfermedad, extrema pobreza, vicio y sufrimientos. En muchos casos no es difícil identificar detalles que parecen reflejar situaciones o hechos autobiográficos".

"Por otro lado, desde el ángulo de la estructura y estilo de los cuentos, notamos que la 'invención y el juego verbal' *paralizan* casi todo el movimiento y acción. En otras palabras, la descripción morosa de objetos materiales, rasgos físicos y psíquicos absorbe el ámbito total del relato y lo hace como desvanecerse y desaparecer, envuelto en una nube de lirismo y poesía".

"Pero sin dudas en todos los casos, el narrador-poeta logra la creación de una atmósfera verosímil, aun por exótica o lejana que parezca, y lleva a los lectores, como guiados de la mano, por los que él llamaba 'espacios de su fantasía' ".

"Julián del Casal había escrito ya desde 1886 sus primeras narraciones modernistas, creaciones artísticas que servirán también como modelo ejemplificador de lo que el movimiento anticipó y legó en invención lingüística, depurado lirismo, estructura y fantasía sugerente a la brillante narrativa hispanoamericana del siglo XX, tanto a la novela como al cuento".

(Hernández Miyares, Julio. "Los cuentos modernistas de Casal: apuntes para un estudio", en: *Festschrift José Cid Pérez*. N. Y.: Senda Nueva de Ediciones, 1981, pp. 238 y 240).

Obra: *Prosas*. Edición del Centenario. La Habana: Consejo Nacional de Cultura, 1963-1964. 3 vols.

Crítica: Clay Méndez, Luis Felipe. *Julián del Casal: estudio comparativo de prosa y poesía*. Barcelona: Universal, 1978; Figueroa, Esperanza - Hernández Miyares, Julio - Jiménez, Luis A. - Zaldívar, Gladys. *Julián del Casal*. Estudios críticos sobre su obra. Valladolid: Edic. Universal, 1974; Hernández Miyares, Julio. "Julián del Casal: Decadentismo y Modernismo", en: XVII Congreso del Instituto Internacional de Literatura Iberoamericana.

Madrid: Cultura Hispánica, 1978, tomo 2o., pp. 735-744; Monner Sans, José María. *Julián del Casal y el Modernismo Hispanoamericano*. México: El Colegio de México, 1952; Pruletti, Rita Geada de. "Bibliografía de y sobre Julián del Casal", Revista Iberoamericana, 33, pp. 133-139.

LA VIUDEZ ETERNA

Alrededor de la mesa de mármol de un café, donde se hallaban colocadas, en ancha bandeja de plata, altas copas de cristal, llenas de ambarina cerveza que se evaporaba en espumas blancas; estaban sentados varios amigos íntimos, hablando de diversos asuntos. Aunque eran jóvenes por la edad, habían perdido la verdadera juventud: la del corazón. Cualquier observador, por ligero que fuese, hubiera podido leer en sus rostros demacrados, tanto por el libertinaje, como por el estudio, el hastío prematuro de la vida, la desilusión completa del placer y el anhelo insaciable de otra existencia mejor. Todos habían exigido de la vida más de lo que puede dar. Cada uno parecía que llevaba por divisa este verso del adorado Bourget:

"Je songe qu'aucun but ne vaut aucun effort"

Absortos se hallaban, en sus propios pensamientos, después de haber agotado el tema de la

61

conversación, cuando vieron entrar a un hombre alto, elegantemente vestido, con una camelia blanca en la solapa de la levita y un bastón elegante en la mano derecha.

—¿Quién es ese caballero? —preguntó uno de los jóvenes.

—El marqués de B.

—¿Es casado?

—Viudo.

—Y ¿tiene dinero?

—Es millonario.

—Y buen mozo —agregó uno.

—Y también imbécil —replicó otro.

—Y con esas condiciones ¿no ha vuelto a casarse?

—Ni se casará —exclamó una voz.

—¿Por qué? —dijeron todos.

—Escuchad una historia.

Hace algunos años que conocí al Marqués, en una de sus fincas, donde estaba gozando de los esplendores de su luna de miel. Su esposa era una de las mujeres más hermosas que he conocido. Fue casada, en edad temprana, por unos padres ambiciosos que no consultaron su corazón. Ella aceptó, con júbilo, la idea del matrimonio, pensando solamente, al oír la proposición, en lo bien que estaría en la hora nupcial, con su traje de seda blanco, enguirnaldado de flores con sus bolitas de raso, bordadas de oro y con sus cabellos rubios, estrellados de azahares.

Durante los primeros meses, todo anunciaba que iba a ser un matrimonio feliz. Parecía estar enamorada de su marido. Hasta fue envidiada de sus amigas. Nunca se veía al Marqués sin su esposa. Juntos frecuentaban los paseos, teatros y salones. Algunas noches se iban, en suntuoso carruaje, fuera de la población, deseosos de estar solos, saboreando su dicha, como buenos enamorados, bajo la mirada de las estrellas.

Pasados algunos meses, ella empezó a darse

cuenta de su situación. Observó después, en sus frecuentes relaciones sociales, que otros hombres hubieran podido hacerla más dichosa. Aunque su marido la adoraba, no satisfacía plenamente sus deseos. Ella hubiera deseado un esposo más inteligente, aunque con menos dinero. Y el Marqués era un hombre demasiado vulgar para ella. Por más que era astuto para los negocios, carecía de cultura intelectual. No sabía hablar más que del azúcar o de asuntos financieros. Nunca se le vio tomar un libro entre las manos. Sólo leía algunos periódicos para enterarse de la situación del mercado y del alza o baja de los valores públicos. Y no se limitaba a esto su ignorancia. Cuando la llevaba al teatro, más bien para exhibirla que para gozar de los placeres de la representación, salía frecuentemente del palco, con el pretexto de fumar, y al regresar bostezaba, mientras una trágica notable, arrojaba al oído del público, como ramillete de flores, las estrofas soberbias de una tragedia antigua o un tenor aplaudido lanzaba en la atmósfera de la sala, como bandada de ruiseñores, las notas de oro de su garganta excepcional.

Frecuentaba la casa del Marqués, en aquella época, un joven pintor, cuyos primeros cuadros revelaban una fantasía poderosa y un vigor raro en la ejecución. La esposa del Marqués experimentaba por él una simpatía análoga a la de la gran duquesa de Castiglionne por el genio dantesco de Delacroix. Ella lo protegía, con delicadeza sin igual, lo mismo que una princesa del Renacimiento, sin dejarle sentir la tiranía de la gratitud.

Aunque el pintor no era bello, en el sentido recto de la frase, poseía, una belleza superior a la de las líneas: la que imprimen al rostro un corazón ardiente y una inteligencia nada vulgar. Y la Marquesa, algo artista, como toda mujer, se fue enamorando de él. Primero escondía su amor, como una cosa repugnante, hasta que arrastrada fatalmente por la pasión se arrojó en brazos del pintor, lo mismo que un desesperado en la onda azul que sonríe a sus pies, llegando a despertar los celos de su marido, cuya venganza fue tan rápida como feroz.

Un día que ella, vestida de Diana, con la media luna de brillantes en la cabeza y un manto de armiño echado sobre su cuerpo, envuelto en una tela color de carne, se disponía a que, el pintor la retratara de tan caprichosa manera; el Marqués fingió que salía a la calle, volviendo de seguida y encerrándose en la habitación inmediata para convencerse de lo que le decían sus celos. Apenas se había colocado en observación, oyó frases incoherentes, pronunciadas en voz baja, cuyo sentido no pudo comprender. Aguardó un instante la percepción de nuevas palabras y sintió luego, como un pistoletazo, el eco sonoro de un beso. Entonces se precipitó, revólver en mano, sobre la amante pareja, cuyas figuras cayeron, bañadas en sangre sobre el marmóreo pavimento de la habitación.

—Y ¿por qué no ha vuelto a casarse el Marqués?

—Porque las mujeres lo han condenado a la eterna viudez, temiendo que haga con ellas, en la hora de la infidelidad, de la cual no están exentas —pues no son muchas las mujeres que se resignan a amar a un solo hombre, como no son muchos los hombres que se resignan a amar a una sola mujer—, lo que hizo con la otra que hoy duerme olvidada en su tumba solitaria, bajo pesada losa de mármol, donde sólo un árbol piadoso deja caer, en la verde primavera, la lluvia perfumada de sus flores amarillas.

Hernani

La Discusión, viernes 20 de junio de 1890, Año II, Núm. 304.

Fuente: *Obras completas.* La Habana: 1963.

JOSÉ ASUNCIÓN SILVA
(1865-1896)

Nació en Bogotá, Colombia, el 26 de noviembre. Los primeros estudios los hizo en colegios privados de la capital, pasando al Liceo de la Infancia para cumplir el ciclo secundario.

Siendo adolescente trabaja en el almacén de artículos suntuarios, de la que su padre es propietario. Asiste a las tertulias familiares, donde se reúnen lo representativo de la sociedad bogotana y cultores de las artes.

Llamado por su tío abuelo D. Antonio María Silva Fortoul, viaja a París, con el propósito de perfeccionar su cultura. Al llegar se entera de la muerte de su mecenas, y se obliga a un cambio radical de planes.

Recorre parte de Francia, Suiza e Inglaterra, lee con avidez parnasianos y simbolistas, frecuenta salones de pintura impresionista, se interesa por el movimiento prerrafaelista inglés, se declara admirador de las ideas de Nietzsche y Schopenhauer, de la riqueza verbal de D'Annunzio.

La difícil situación financiera por la que pasa el negocio paterno, consecuencia directa de la crisis nacional provocada por la revolución de 1885, lo decide a regresar a Bogotá.

Su padre muere en 1887 dejando económicamente arruinada a su familia, pero ante el reclamo de los acreedores, José Asunción asume la responsabilidad de sanear el patrimonio, equivalente a salvar el honor de los Silva.

El 6 de enero de 1891 fallece su hermana Elvira, que apenas había cumplido 20 años, lo que lleva al poeta a sufrir un sensible quebranto emocional. A ella le dedicará —ya que fue su inspiradora— el celebrado Nocturno "Una noche", que aparecerá por vez primera en la revista *La Lectura* (1894) editada en Cartagena de Indias.

Imposibilitado de resolver los asuntos comerciales, llevado a la ruina por sus demandantes, abandona para siempre su forzada vida de negociante, no sin sufrir menoscabo moral.

Una ocasional vinculación con D. Miguel A. Caro, ministro de gobierno, le permite acceder al cargo de Secretario de Legación de Colombia en Caracas. Desarrolla una activa vida literaria, que se concreta en cuentos, poesías y gran parte de la novela *De sobremesa,* además de colaboraciones frecuentes en *El Cojo Ilustrado.*

El fallecimiento del presidente colombiano D. Rafael Núñez, en diciembre de 1894, cierra la breve carrera diplomática de Silva, quien en enero del año siguiente embarca en el "Amerique", que naufragará frente a la costa de su país, perdiéndose por completo el equipaje donde se encontraban los manuscritos de su obra.

En Bogotá intenta rehacerse de tanto infortunio, pero nuevos fracasos y frustraciones, lo llevan a un límite de desequilibrio psíquico que culmina con el suicidio, el 24 de mayo.

El crítico y profesor colombiano Héctor Orjuela, manifesta:

"Revela la prosa de Silva algunas de las cualidades que caracterizan su lenguaje poético: elegancia, propiedad, riqueza de matices y poder de sugerencia. La musicalidad y el cromatismo de algunas páginas suyas recuerdan a los mejores prosistas del modernismo".

Obra: *Obras completas.* Ordenación, notas, bibliografía por Héctor Orjuela. B.A.: Plus Ultra, 1968. 2 vols.

Crítica: Lievano, Roberto. *En torno a Silva.* Bogotá: 1946; Loveluck, Juan. "De sobremesa, novela desconocida del modernismo". *Revista Iberoamericana.* 59 (1965). p.p. 17-32.

LA PROTESTA DE LA MUSA

En el cuarto sencillo y triste, cerca de la mesa cubierta de hojas escritas, la sien apoyada en la mano, la mirada fija en las páginas frescas, el poeta satírico leía su libro, el libro en que había trabajado por meses enteros.

La oscuridad del aposento se iluminó de una luz diáfana de madrugada de mayo; flotaron en el aire olores de primavera, y la Musa, sonriente, blanca y grácil, surgió y se apoyó en la mesa tosca, y paseó los ojos claros, en que se reflejaba la inmensidad de los cielos, por sobre las hojas recién impresas del libro abierto.

—¿Qué has escrito...? —le dijo.

El poeta calló silencioso, trató de evitar aquella mirada, que ya no se fijaba en las hojas del libro, sino en sus ojos fatigados y turbios...

—Yo he hecho —contestó, y la voz le temblaba como la de un niño asustado y sorprendido—, he hecho un libro de sátiras, un libro de burlas... en que he mostrado las vilezas y los errores, las miserias y las debilidades, las faltas y los vicios de los hombres. Tú no estabas aquí... No he sentido tu voz al escribirlos, y me han inspirado el genio del odio y el genio del ridículo, y ambos me han dado flechas que me he divertido en clavar en las almas y en los cuerpos y es divertido... Musa, tú eres seria y no comprendes estas diversiones; tú nunca te ríes; mira, las flechas al clavarse herían, y los heridos hacían muecas risibles y contracciones dolorosas; he desnudado las almas y las he exhibido en su fealdad, he mostrado los ridículos ocultos, he abierto las heridas cerradas; esas monedas que ves sobre la mesa, esos escudos brillantes son el fruto de mi trabajo, y me he reído al hacer reír a los hombres, al ver que los hombres se ríen los unos de los otros. Musa, ríe conmigo... La vida es alegre... —y el poeta satírico se reía al decir esas frases, a tiempo que una tristeza grave contraía los labios rosados y velaba los ojos profundos de la Musa...

—¡Oh, profanación! —murmuró ésta, paseando una mirada de lástima por el libro impreso y viendo el oro—; ¡oh, profanación!, ¿y para clavar esas flechas has empleado las formas sagradas, los versos que cantan y que ríen, los aleteos ágiles de las rimas, las músicas fascinadoras del ritmo...? La vida es grave, el verso es noble, el arte es sagrado. Yo conozco tu obra. En vez de las pedrerías brillantes, de los zafiros y de los ópalos, de los esmaltes policromos, y de los camafeos delicados, de las filigranas áureas, en vez de los encajes que parecen tejidos por las hadas, y de los collares de perlas pálidas que llevan los cofres de los poetas, has removido cieno y fango donde hay reptiles, reptiles de los que yo odio. Yo soy amiga de los pájaros, de los seres alados que cruzan el cielo entre la luz, y los inspiro cuando en las noches claras de julio dan serenatas a las estrellas desde las enramadas sombrías; pero odio a las serpientes y a los reptiles que nacen en los pantanos. Yo inspiro los idilios verdes, como los campos florecidos, y las elegías negras, como los paños fúnebres, donde caen las lágrimas de los cirios..., pero no te he inspirado. ¿Por qué te ríes? ¿Por qué has convertido tus insultos en obra de arte? Tú podrías haber cantado la vida, el misterio profundo de la vida; la inquietud de los hombres cuando piensan en la muerte; las conquistas de hoy; la lucha de los buenos; los elementos domesticados por el hombre; el hierro, blando bajo su mano; el rayo, convertido en su esclavo; las locomotoras, vivas y audaces, que riegan en el aire penachos de humo; el telégrafo, que suprime las distancias; el hilo por donde pasan las vibraciones misteriosas de la idea. ¿Por qué has visto las manchas de tus hermanos? ¿Por qué has contado sus debilidades? ¿Por qué te has entretenido en clavar esas flechas, en herirlos, en agitar ese cieno, cuando la misión del poeta es besar las heridas y besar a los infelices en la frente, y dulcificar la vida con sus cantos, y abrirles, a los que yerran, abrirles amplias, las puertas de la Virtud y del Amor? ¿Por qué has seguido los consejos del odio? ¿Por qué has reducido tus ideas a la forma sagrada del verso, cuando los versos están hechos para cantar la bondad y el perdón, la belleza de las mujeres y el valor de los hombres? Y no me creas tímida. Yo he sido también la Musa inspiradora de las estrofas que azotan como látigos y de las estrofas que queman como hierros candentes; yo soy la Musa Indignación que les dictó sus versos a Juvenal y al Dante, yo inspiro a los Tirteos eternos; yo le enseñé a Hugo a dar a los alejandrinos de los *Castigos* clarineos estridentes de trompetas y truenos de descargas que humean; yo canto las luchas de los pueblos, las caídas de los tiranos, las grandezas de los hombres libres..., pero no conozco los insultos ni el odio. Yo arrancaba los cartelones, que fijaban manos desconocidas en el pedestal de la estatua de Pasquino. Quede ahí tu obra de insultos y desprecios, que no fue dictada por mí. Sigue profanando los versos sagrados y conviértelos en flechas que hieran, en reptiles que envenenen, en *Inris* que escarnezcan, remueve el fango de la envidia, recoge cieno y arrójalo a lo alto, a riesgo de mancharte, tú que podrías llevar una aureola si cantaras lo sublime, activa las envidias dormidas. Yo voy a buscar a los poetas, a los enamorados del arte y de la vida, de las Venus de mármol que sonríen en el fondo de los bosques oscuros, y de las Venus de carne que sonríen en las alcobas perfumadas; de los cantos y de las músicas de la naturaleza, de los besos suaves y de las luchas ásperas; de las sederías multicolores y de las espadas severas; jamás me sentirás cerca para dictarte una estrofa. Quédate ahí con tu Genio del odio y con tu Genio del ridículo.

Y la Musa grácil y blanca, la Musa de labios rosados, en cuyos ojos se reflejaba la inmensidad de los cielos, desapareció del aposento, llevándose con ella la luz diáfana de alborada de mayo y los olores de primavera, y el poeta quedó solo, cerca de la mesa cubierta de hojas escritas, paseó una mirada de desencanto por el montón de oro y por las páginas de su libro satírico, y con la frente apoyada en las manos sollozó desesperadamente.

Fuente: *Obras completas*. B.A.: Plus Ultra, 1968, Vol. 1.

RUBÉN DARÍO
(1867-1916)

Nació en el pueblo de Metapa, Departamento de Nueva Segovia, Nicaragua, el 18 de enero, siendo criado por su abuela materna Bernarda Sarmiento, casada con el coronel unionista Félix Ramírez, que vivía en la ciudad de León.

Su precocidad en escribir versos, la mayoría de contenido político y anti-clerical, lo consagran como el "niño-poeta", y determinan que los liberales lo lleven a Managua, en 1881.

Amoríos con Rosario Murillo y anuncio de casamiento, deciden a sus amigos y protectores a embarcarlo hacia El Salvador donde llega en 1882.

Allí se vincula con el poeta Francisco Gavidia, encuentro del que dirá:

"Fue con Gavidia la primera vez que estuve en aquella tierra salvadoreña, con quien penetré, en iniciación ferviente, en la armoniosa floresta de Víctor Hugo; y de la lectura mutua de los alejandrinos del gran francés, que Gavidia, el primero seguramente, ensayara en castellano a la manera francesa, surgió en mí la idea de renovación métrica, que debía ampliar y realizar más tarde".

Al año siguiente, regresa a Managua, intimidad con la Murillo, ruptura y viaje a Chile. Llega al puerto de Valparaíso a mediados de 1886, se identifica con las ideas estéticas de Pedro Balmaceda, difusor de las primicias poéticas francesas en los círculos intelectuales de su patria.

Publica *Azul* (1888) renovador de poesía y prosa en lengua española.

En enero de 1889 asume la corresponsalía de *La Nación* de Buenos Aires, retorna a América Central, fundando en El Salvador un periódico para la defensa de la causa unionista.

El 22 de junio de 1890 se casa por civil con Rafaelita Contreras, pero el inicio de una nueva revolución, lo obliga al día siguiente a emigrar —solo— a Guatemala, donde de inmediato funda *Correo de la Tarde.*

Calmada la situación, se reúne con su esposa, celebrándose el matrimonio religioso el 12 de febrero de 1891 y radicándose en Costa Rica por casi un año.

Al conmemorarse el IV centenario de América, integra la delegación oficial que Nicaragua envía a lsas festividades en Sevilla.

Ese año, fallece en El Salvador Rafaelita Contreras, que le deja su primer hijo, Rubén Darío Contreras.

En 1893 bajo graves amenazas, debe casarse con Rosario Murillo.

El Presidente de Colombia, el poeta Rafael Núñez, lo nombra cónsul de su país en la Argentina. Viaja primero a New York, donde conoce a Martí, luego a París en el auge del simbolismo.

Instalado en Buenos Aires, se convierte en dirigente natural del modernismo, junto a Leopoldo Lugones y Ricardo Jaimes Freyre, con quien funda la *Revista de América,* el 19 de agosto de 1894.

Publica *Los raros* y *Prosas profanas* (1896).

Enviado por *La Nación* con el encargo de escribir notas sobre sociedad y cultura, viaja a España en 1898.

Conoce en Madrid y convive por quince años, con Francisca Sánchez.

Representando al diario argentino, visita la Exposición Internacional de París (1900), luego emprende un largo viaje por Italia, Bélgica, Austria, Alemania e Inglaterra.

En 1903 recorre nuevamente gran parte de Europa, y desde España pasa a Marruecos, visitando Tánger. A partir de ese año, asume el cargo de cónsul de Nicaragua en Francia, residiendo en la capital.

Publica en Madrid, *Cantos de Vida y Esperanza* (1905).

Asiste como delegado nicaragüense a la Conferencia Panamericana, con sede en Río de Janeiro (1906), de donde regresa directamente a Europa, pasando el invierno de 1907 en Palma de Mallorca, pero publicando *El Canto Errante,* en la capital española.

Regresa a Managua, para beneficiarse de una ley de divorcio, sancionada por el Congreso, bajo la causal de una larga separación con Rosario Murillo.

Vuelve a España como Ministro Plenipotenciario de Nicaragua. Nace su segundo hijo, Rubén Darío Sánchez (1908).

En 1909 abandona su cargo diplomático y se radica en París. Participa de las celebraciones del centenario de México (1910) recibiendo los más cálidos homenajes de la intelectualidad hispanoamericana presente.

Aparece *Poema del otoño y otros poemas* (Madrid, 1910).

Acepta la dirección de las revistas *Mundial* y *Elegancias,* con sede en París, pero en razón de la difusión de las mismas en el ámbito hispano, viaja por España, Uruguay y Argentina, durante 1912.

Al declararse la guerra mundial, se encuentra en Barcelona con Francisca y su hijo Rubén. Por entonces padece frecuentes ataques de delirium tremens.

Con un estado general de salud resentida, pasa a New York, donde debe ser internado en un hospital. Con diagnóstico reservado (tuberculosis) descansa un tiempo en Guatemala, pero Rosario Murillo que viaja expresamente, lo traslada a Nicaragua (1915).

El 10 de enero, sin posibilidad alguna de mejoría,

recibe el viático y testa en beneficio de su hijo Rubén Darío Sánchez.

Fallece el 7 de febrero y tras seis días de honras fúnebres, lo sepultan en la ciudad de Managua, junto a la Catedral.

La edición de los cuentos completos de Darío, fue posible por el cuidado trabajo de Ernesto Mejía Sánchez, en 1950. Raimundo Lida, en el estudio preliminar expresa entre otros conceptos:

"Y habremos enriquecido y ahondado nuestra imagen de Darío narrador cuando resueltamente dejemos de identificarla con la del Darío de *Azul* y añadamos a la antología, siempre por hacerse y rehacerse, de sus grandes cuentos, un puñado de páginas no menos lúcidas que las mejores del viejo libro, y más densas y sabias, más exactas, complejas e incisivas: más vivientes en suma, que las de ese Rubén Darío monumentalizado y remoto, perdido ya entre rómanticos y parnasianos del siglo XIX".

"Más allá de lo que signifiquen para la historia de la literatura narrativa en Hispanoamérica, y aparte y por encima del oficio instrumental y complementario que les corresponda en el estudio de Darío poeta, esos cuentos pueden por sí aspirar a una dignidad propia y autónoma, a una justa y suficiente inmortalidad" (*Cuentos completos...* México: 1950, pp. LXVI-VII).

Obra: *Cuentos completos de Rubén Darío.* Edic. y notas de E. Mejía Sánchez, estudio preliminar de Raimundo Lida. México: F.C.E., 1950.

Crítica: Anderson Imbert, Enrique. *Los cuentos fantásticos de Rubén Darío.* Harvard Univ. Press: 1967; González, Manuel Pedro. "Rubén Darío cuentista", en: *Estudios sobre literatura Hispanoamericana.* México: 1951, pp. 328-336; Köhler, Rudolf. "La actitud impresionista en los cuentos de Rubén Darío", *ECO.* Bogotá: 14, 48 (abril 1967), pp. 602-631; Lida, Raimundo. "Los cuentos de Rubén Darío", en: *Letras Hispánicas.* México: 1958, pp. 200-259; Muñoz, Luis. "La interioridad en los cuentos de Rubén Darío", *Atenea,* Concepción, 415-16 (1967), pp. 173-192; Reyes Huete, Alejandro. *Darío en su prosa.* Granada (Nicaragua): 1960.

CUENTO DE PASCUAS

Una noche deliciosa, en verdad... El *réveillon* en ese hotel lujoso y elegante, donde tanta belleza y fealdad cosmopolita se junta, en la competencia de las libras, los dólares, los rublos, los pesos y los francos. Y con la alegría del champagne y la visión de blancores rosados, de brillos, de gemas. La música luego, discreta, a lo lejos...

No recuerdo bien quién fue el que me condujo a aquel grupo de damas, donde florecían la yanqui, la italiana, la argentina... Y mi asombro encantado ante aquella otra seductora y extraña mujer, que llevaba al cuello, por todo adorno, un estrecho galón rojo... Luego, un diplomático que llevaba un nombre ilustre me presentó al joven alemán políglota, fino, de un admirable don de palabra, que iba, de belleza en belleza, diciendo las cosas agradables y ligeras que placen a las mundanas.

—M. Wolfhart —me había dicho el ministro—. Un hombre amenísimo.

Conversé largo rato con el alemán, que se empeñó que hablásemos en castellano y, por cierto, jamás he encontrado un extranjero de su nacionalidad que lo hablase tan bien. Me refirió algo de sus viajes por España y la América del Sur. Me habló de amigos comunes y de sus aficiones ocultistas. En Buenos Aires había tratado a un gran poeta y a un mi antiguo compañero, en una oficina pública, el excelente amigo Patricio... En Madrid... Al poco rato teníamos las más cordiales relaciones. En la atmósfera de elegancia del hotel llamó mi atención la señora que apareció un poco tarde, y cuyo aspecto evocaba en mí algo de regio y de elegante a la vez. Como yo hiciese notar a mi interlocutor mi admiración y mi entusiasmo, Wolfhart me dijo por lo bajo, sonriendo de cierto modo:

—¡Fíjese usted! ¡Una cabeza histórica! ¡Una cabeza histórica!

Me fijé bien. Aquella mujer tenía por el perfil, por el peinado, si no con la exageración de la época, muy semejante a las *coiffures à la Cléopâtre*, por el aire, por la manera y, sobre todo, después que me intrigara tanto *un galón rojo que llevaba por único adorno en el cuello*, tenía, digo, un parecido tan exacto con los retratos de la reina María Antonieta, que por largo rato permanecí contemplándola en silencio. ¿En realidad, era una cabeza hstórica? Y tan histórica por la vecindad... A dos pasos de allí, en la plaza de la Concordia... Sí, aquella cabeza que se peinara *a la circasiana, à la Belle-Poule, al casco inglés, al gorro de candor, à la queue en flambeau d'amour, à la chien couchant, à la Diane*, a la tantas cosas más, aquella cabeza...

Se sentó la dama a un extremo del hall, y la única persona con quien hablara fue Wolfhart, y hablaron, según me pareció, en alemán. Los vinos habían puesto en mi imaginación su movimiento de brumas de oro, y alrededor de la figura

78

de encanto y de misterio hice brotar un vuelo de suposiciones exquisitas. La orquesta, con las oportunidades de la casualidad, tocaba una pavana. Cabelleras empolvadas, moscas asesinas, trianones de realizados ensueños, galantería pomposa y libertinaje encintado de poesía, tantas imágenes adorables, tanta gracia sutil o pimentada, de página de memoria, de anécdotas, de correspondencia, de panfleto... Me venían al recuerdo versos de los más lindos escritos con tales temas, versos de Montesquieu-Fezensac, de Régnier, los preciosos poemas italianos de Lucini... Y con la fantasía dispuesta, los cuentos milagrosos, las materializaciones estudiadas por los sabios de los libros arcanos, las posibilidades de la ciencia, que no son sino las concesiones a un enigma cada día más hondo, a pesar de todo... La fácil excitabilidad de mi cerebro estuvo pronto en acción. Y, cuando después de salir de mis cogitaciones, pregunté al alemán el nombre de aquella dama, y él me embrolló la respuesta, repitiendo tan sólo lo de lo histórico de la cabeza, no quedé ciertamente satisfecho. No creí correcto insistir; pero, como siguiendo en la charla yo felicitase a mi flamante amigo por haber en Alemania tan admirables ejemplares de hermosura, me dijo vagamente:

—No es de Alemania. Es de Austria.

Era una belleza *austríaca*... Y yo buscaba la distinta semejanza de detalle con los retratos de Kurcharsky, de Riotti, de Boizot, y hasta con las figuras de cera de los sótanos del museo Grevin...

—Es temprano aún —me dijo Wolfhart, al dejarle en la puerta del hotel en que habitaba—. Pase usted un momento, charlaremos algo más antes de mi partida. Mañana me voy de París, y quién sabe cuándo nos volveremos a encontrar.

Entre usted. Tomaremos, a la inglesa, un *whisky-and-soda* y le mostraré algo interesante.

Subimos a su cuarto por el ascensor. Un *valet* nos hizo llevar el bebedizo británico, y el alemán sacó un cartapacio lleno de viejos papeles. Había allí un retrato antiguo, grabado en madera.

—He aquí —me dijo—, el retrato de un antecesor mío, Theobald Wolfhart, profesor de la Universidad de Heidelberg. Este abuelo mío fue posiblemente un poco brujo, pero de cierto, bastante sabio. Rehizo la obra de Julius Obsequens sobre los prodigios, impresa por Aldo Manucio, y publicó un libro famoso, el *Prodigiorum ac ostentorum chronicon*, un infolio editado en Basilea, en 1557. Mi antepasado no lo publicó con su nombre, sino bajo el pesudónimo de Conrad Lycosthenes. Theobald Wolfhart era un filósofo sano de corazón, que, a mi entender, practicaba la magia blanca. Su tiempo fue terrible, lleno de crímenes y desastres. Aquel moralista empleó la revelación para combatir las crueldades y perfidias, y expuso a las gentes, con ejemplos extraordinarios, cómo se manifiestan las amenazas de lo invisible por medio de signos de espanto y de incomprensibles fenómenos. Un ejemplo será la aparición del cometa de 1557, que no duró sino un cuarto de hora, y que anunció sucesos terribles. Signos en el cielo, desgracias en la tierra. Mi abuelo habla de ese cometa que él vio en su infancia y que era enorme, de un color sangriento, que en su extremidad se tornaba del color del azafrán. Vea usted esta estampa que lo representa, y su explicación por Lycosthenes. Vea usted los prodigios que vieron sus ojos. Arriba hay un brazo armado de una colosal espada amenazante, tres estrellas brillan en la extremidad, pero la que está en la punta es la mayor y más resplandeciente. A los lados hay espadas y puñales, todo entre un círculo de nubes, y entre esas armas hay unas cuantas cabezas de hombres. Más tarde escribía sobre tales fantásticas maravillas Simon Goulard, refiriéndose al cometa: "Le regard d'icelle donna telle frayeur a plusieurs qu'aucuns en moururent; autres tombèrent malades". Y Petrus Greusserus, discípulo de Lichtenberg —el astrólogo—, dice un autor, que habiendo sometido el fenómeno terrible a las reglas de su arte, sacó las consecuencias naturales, y tales fueron los pronósticos, que los espíritus más juiciosos padecieron perturbación durante más de medio siglo. Si Lycosthenes señala los desastres de Hungría y de Roma, Simon Goulard habla de las terribles asolaciones de los turcos en tierra húngara, el hambre en Suabia, Lombardía y Venecia, la guerra en Suiza, el sitio de Viena de Austria, sequía en Inglaterra, desborde del océano en Holanda y Zelanda y un terremoto que duró ocho días en Portugal. Lycosthenes sabía muchas cosas maravillosas. Los peregrinos que retornaban de Oriente contaban visiones celestes. ¿No se vio en 1480 un cometa en Arabia, de apariencia amenazante y con los atributos del Tiempo y de la Muerte? A los fatales presagios sucedieron las desvastaciones de Corintia, la guerra en Polonia. Se aliaron Ladislao y Matías el Huniada. Vea usted este rasgo de un comentador: "Las nubes tienen sus flotas como el aire sus ejércitos"; pero Lycosthenes, que vivía en el centro de Alemania, no se asienta sobre tal hecho. Dice que en el año 114 de nuestra era, simulacros de navíos se vieron entre las nubes. San Agobardo, obispo de Lyon, está más informado. Él sabe a maravilla a qué región fantástica se dirigen esas ligeras naves. Van al país de Magonia, y sólo por reserva el santo prelado no dice su itinerario. Esos barcos iban dirigidos por los hechiceros llamados *tempestarii*. Mucho más podría referirle, pero vamos a lo principal. Mi antecesor llegó a descubrir que el cielo y toda la atmósfera que nos envuelve están siempre llenos de esas visiones misteriosas, y con ayuda de un su amigo alquimista llegó a fabricar un elixir que permite percibir de ordinario lo que únicamente por excepción se presenta a la mirada de los hombres. Yo he encontrado ese secreto —concluyó Wolfhart—, y aquí, agregó sonriendo, tiene usted el milagro en estas pastillas comprimidas. ¿Un poquito más de whisky?

No había duda de que el alemán era hombre de buen humor y aficionado, no solamente al alcohol inglés, sino a todos los paraísos artificiales. Así me parecía ver en la caja de pastillas que me mostraba, algún compuesto de opio o de cáñamo indiano.

—Gracias —le dije—, no he probado nunca, ni quiero probar el influjo de la *droga sagrada*. Ni haschis, ni el veneno de Quincey...

—Ni una cosa, ni otra. Es algo vigorizante, admirable hasta para los menos nerviosos.

Ante la insistencia y con el último sorbo de whisky, tomé la pastilla, y me despedí. Ya en la calle, aunque hacía frío, noté que circulaba por mis venas un calor agradable. Y olvidando la pastilla, pensé en el efecto de las repetidas libaciones. Al llegar a la plaza de la Concordia, por el lado de los Campos Elíseos, noté que no lejos de mí caminaba una mujer. Me acerqué un tanto a ella y me asombré al verla a aquellas horas, a pie y soberbiamente trajeada, sobre todo cuando a la luz de un reverbero vi su gran hermosura y reconocí en ella a la dama cuyo aspecto me intrigase en el *réveillon:* la que tenía por todo adorno en el cuello blanquísimo un fino galón rojo, rojo como una herida. Oí un lejano reloj dar unas horas. Oí la trompa de un automóvil. Me sentía como poseído de extraña embriaguez. Y, apartando de mí toda idea de suceso sobrenatural, avancé hacia la dama que había pasado ya el obelisco y se dirigía del lado de las Tullerías.

—Madame —le dije—, madame...

Había comenzado a caer como una vaga bru-

ma, llena de humedad y de frío, y el fulgor de las
luces de la plaza aparecía como diluido y fantas-
mal. La dama me miró al llegar a un punto de
la plaza; de pronto, me apareció como el escenario de un cinematógrafo. Había como apariencias
de muchas gentes en un ambiente como el de
los sueños, y yo no sabía decir la manera con
que me sentí como en una existencia a un propio
tiempo real y cerebral... Alcé los ojos y vi en el
fondo opaco del cielo las mismas figuras que en
la estampa del libro de Lycosthenes, el brazo enorme, la espada enorme, rodeados de cabezas. La
dama, que me había mirado, tenía un aspecto
tristemente fatídico, y, cual por la obra de un
ensalmo, había cambiado de vestiduras, y estaba
con una especie de fichú cuyas largas puntas le
caían por delante; en su cabeza ya no había el
peinado *á la Cléopâtre*, sino una pobre cofia bajo
cuyos, bordes se veían los cabellos emblanqueci-
dos. Y luego, cuando iba a acercarme más, perci-
bí a un lado como una carreta, y unas desdibuja-
das figuras de hombres con tricornios y espadas
y otras con picas. A otro lado un hombre a caballo, y luego una especie de tablado... ¡Oh, Dios,
naturalmente!: he aquí la reproducción de lo
ya visto... ¿En mí hay reflexión aun en este instante? Sí, pero siento que lo invisible, entonces visible,
me rodea. Sí, es la guillotina. Y, tal en las pesadillas, como si sucediese, veo desarrollarse —¿he hablado ya de cinematógrafo?— la tragedia... Aunque
por no sé cuál motivo no puedo darme cuenta de
los detalles, vi que la dama me miró de nuevo, y
bajo el fulgor color de azafrán que brotaba de la visión celeste y profética, brazo, espadas, nubes y cabezas, vi cómo caía, bajo el hacha mecánica, la cabeza de aquella que poco antes, en el salón del
hotel, me admirara con su encanto galante y real,
con su aire soberbio, con su cuello muy blanco,
adornado con un único galón color de sangre.

* * *

    ¿Cuánto tiempo duró aquel misterioso espec
táculo? No lo sabría decir, puesto que ello fue
bajo el imperio desconocido en que la ciencia
anda a tientas; el tiempo en que el ensueño no
existe, y mil años, según observaciones experimen-
tales, pueden pasar en un segundo. Todo aquello
había desaparecido, y, dándome cuenta del lugar
en donde me encontraba, avancé siempre hacia
el lado de las Tullerías. Avancé y me vi entre el
jardín, y no dejé de pensar rapidísimamente cómo era que las puertas estaban aún abiertas.
Siempre bajo la bruma pálida de aquellas nocturnas horas, seguí adelante. Saldré, me dije, por la
primera puerta del lado de la calle Rivoli, que
quizás esté también abierta... ¿Cómo no ha de
estar abierta...? ¿Pero era o no era aquel jardín
el de las Tullerías? Árboles, árboles de oscuros
ramajes en medio del invierno... Tropecé al dar un
paso con algo semejante a una piedra, y me llené,
en medio de mi casi inconsciencia, de una sorpresa pavorosa, cuando escuché un ¡ay! semejante
a una queja, parecido a una palabra entrecorta-
da y ahogada; una voz que salía de aquello que
mi pie había herido, y que era, no una piedra,
sino una cabeza. Y alzando hacia el cielo la mirada vi la faz de la luna en el lugar en que antes
la espada formidable, y allí estaban las cabezas
de la estampa de Lycosthenes. Y aquel jardín,
que se extendía vasto cual una selva, me llenó
del encanto grave que había en su recinto de prodigio. Y a través de velos de ahumado oro reful-
gía tristemente en lo alto la cabeza de la luna.
Después me sentí como en una certeza de poema
y de libro santo, y, como por un motivo incohe-
rente, resonaban en la caja de mi cerebro las palabras: "¡Última hora! ¡Trípoli! ¡La toma de
Pekín!" leídas en los diarios del día. Conforme

con mis anhelos de lo divino, experimentando una inexpresable angustia, pensé: "¡Oh, Dios! ¡Oh, Señor! ¡Padre nuestro...!".

Volví la vista y vi a un lado, en una claridad dulce y dorada, una forma de lira, y sobre la lira una cabeza igual a la del Orfeo de Gustave Moreau, del Luxemburgo. La faz expresaba pesadumbre, y alrededor había como un movimiento de seres, de los que se llaman animados porque sus almas se manifiestan por el movimiento, y de los que se llaman inanimados porque su movimiento es íntimo y latente. Y oí que decía, según me ayuda mi recuerdo, aquella cabeza: "¡Vendrá, vendrá el día de la concordia, y la lira será entonces consagrada en la pacificación!" Y cerca de la cabeza de Orfeo vi una rosa milagrosa, y una hierba marina, y que iba avanzando hacia ellas una tortuga de oro.

Pero oí un gran grito al otro lado. Y el grito, como el de un coro, de muchas voces. Y a la luz que os he dicho, vi que quien gritaba era un árbol, uno de los árboles coposos, llenos de cabezas por frutos, y pensé que era el árbol de que habla el libro sagrado de los musulmanes. Oí palabras en loor de la grandeza y omnipotencia de Alá. Y bajo el árbol había sangre.

Haciendo un esfuerzo, quise ya no avanzar, sino retroceder a la salida del jardín, y vi que por todas partes salían murmullos, voces, palabras de innumerables cabezas que se destacaban en la sombra como aureoladas, o que surgían entre los troncos de los árboles. Como acontece en los instantes dolorosos de algunas pesadillas, pensé que todo lo que me pasaba era un sueño, para disminuir un tanto mi pavor. Y en tanto, pude reconocer una temerosa y abominable cabeza asida por la mano blanca de un héroe, asida de su movible e infernal toisón de serpientes: la tantas veces maldecida cabeza de Medusa. Y de un brazo, como de carne de oro de mujer, pendía otra cabeza, una cabeza con barba ensortijada y oscura, y era la cabeza del guerrero Holofernes. Y la cabeza de Juan Bautista; y luego, como viva, de una vida singular, la cabeza del Apóstol que en Roma hiciera brotar el agua de la tierra; y otra cabeza que Rodrigo Díaz de Vivar arrojó en la cena de la venganza, sobre la mesa de su padre.

Y otras que eran la del rey Carlos de Inglaterra y la de la reina María Estuardo... Y las cabezas aumentaban, en grupos, en amontonamientos macabros, y por el espacio pasaban relentes de sangre y de sepulcro; y eran las cabezas hirsutas de los dos mil halconeros de Bayaceto; y las de las odaliscas degolladas en los palacios de los reyes y potentados asiáticos; y las de los innumerables decapitados por su fe, por el odio, por la ley de los hombres; las de los decapitados de las hordas bárbaras, de las prisiones y de las torres reales, las de los Gengiskanes, Abdulhamides y Behanzines...

Dije para mí: ¡Oh, mal triunfante! ¿Siempre seguirás sobre la faz de la tierra? ¿Y tú, París, cabeza del mundo, serás también cortada con hacha, arrancada de tu cuerpo inmenso?

Cual si hubiesen sido escuchadas mis interiores palabras, de un grupo en que se veía la cabeza de Luis XVI, la cabeza de la princesa de Lamballe, cabezas de nobles y cabezas de revolucionarios, cabezas de santos y cabezas de asesinos, avanzó una figura episcopal que llevaba en sus manos su cabeza, y la cabeza del mártir Dionisio, el de las Galias, exclamó:

— ¡En verdad os digo, que Cristo ha de resucitar!

Y al lado del apostólico decapitado vi a la dama del hall del hotel, a la dama austríaca con el cuello desnudo; pero en el cual se veía, como un galón rojo, una herida purpúrea, y María Antonieta dijo:

— ¡Cristo ha de resucitar!

86

Y la cabeza de Orfeo, la cabeza de Medusa, la cabeza de Holofernes, la cabeza de Juan y la de Pablo, el árbol de cabezas, el bosque de cabezas, la muchedumbre fabulosa de cabezas, en el hondo grito, clamó:

—¡Cristo ha de resucitar! ¡Cristo ha de resucitar...!

—Nunca es bueno dormir inmediatamente después de comer —concluyó mi buen amigo el doctor.

Fuente: *Cuentos completos.* ed. cit.

RICARDO JAIMES FREYRE
(1868-1933)

Nació en Tacna, en el consulado de Bolivia, el 12 de mayo. Pasó su infancia en esa ciudad, donde su padre ejercía la función de cónsul por su país.

Comenzó estudios universitarios en Lima, que abandonó tempranamente, de modo que su formación cultural es la de un autodidacto.

A los 18 años, se casó con una joven oriunda de Chuquisaca, Felicidad Soruco, con quien tuvo tres hijos.

En 1890 ejerce la docencia en filosofía, en el Liceo Junín de la ciudad de Sucre.

Dos años después, asume el gobierno de Bolivia, en carácter de Presidente, D. Mariano Baptista, reconocido intelectual, y lo convoca como secretario privado.

Al poco tiempo, en tanto que su padre, D. Julio Lucas Jaimes, es designado con el rango de Encargado de Negocios de Bolivia en Brasil, Ricardo recibe el de Secretario de Legación en el mismo destino.

En viaje a Río de Janeiro, reciben la confirmación que D. Pedro II, dejaba su patria, para refugiarse en Europa, como consecuencia del triunfo de la revolución republicana.

Ante tal hecho, permanecen en Buenos Aires, dedicándose ambos al periodismo, Ricardo como redactor de *El País*.

La llegada de Darío a la capital de Argentina, creó las condiciones óptimas para el florecimiento del modernismo literario, al punto de fundar la revista que ideológicamente difundía su estética: *La Revista de América* (18 de agosto de 1894, 3 números quincenales en total), entre ambos.

En 1899 publica su poemario *Castalia Bárbara.*

A comienzo del siglo, se traslada a la ciudad de Tucumán, donde vivirá por dos décadas, dedicado a la enseñanza de literatura y de filosofía en el Colegio Nacional, y a las investigaciones históricas regionales, que lo llevará años después a revisar el fondo documentario americano del Archivo de Indias.

Regresa a su patria en 1920, se afilia al Partido Republicano, siendo electo diputado a la Convención Nacional por la provincia de Potosí.

Identificado con el gobierno del Presidente D. Bautista Saavedra, ocupó cargos de responsabilidad, como Ministro de Instrucción Pública, Delegado de Bolivia ante la Liga de las Naciones, Ministro de Relaciones Exteriores (1922), Embajador ante Chile, luego ante U.S.A. y México, con sede en Washington (1923).

De allí fue rrasladado a Río de Janeiro, al frente de la Embajada, pero serias discrepancias con el nuevo presidente D. Hernando Siles (1926), determinaron su renuncia y radicación en Buenos Aires.

Allí vivió hasta su muerte, 24 de abril de 1933, recibiendo como único beneficio una modesta pensión como "profesor argentino en retiro".

En ese mismo año, sus restos fueron repatriados y sepultados en la Basílica de Potosí.

La obra poética de Jaimes Freyre, ha sido cuidadosamente estudiada en el marco de los principales modernistas hispanoamericanos. Al respecto el crítico e historiador de la literatura boliviana, Fernando Díez de Medina, refiere:

"Ricardo Jaimes Freyre. Un alma medioeval, un hombre del renacimiento, el extraño caso de un espíritu cristiano envuelto en la espiral pagana. Uno de los pocos bolivianos que gana el blasón del artista en nuestras letras. En tierra donde abundan imitadores, repetidores y copistas, su poesía irradia la potencia creadora de la verdadera originalidad. Descubre, inventa, renueva. Da un nuevo modo de sentir a una distinta manera de pensar. El modernismo que fue para muchos peripecia verbal, es en Jaimes Freyre proeza vital, mental, integral. Es el camino de perfección para quien pueda salvar el camino tortuoso que nos separa de sus torres esbeltas y lejanas". (*Literatura Boliviana*. La Paz: 1953, pp. 274).

Obra: la prosa narrativa (muy breve) nunca fue recogida en libro, se publicó en revistas argentinas de época.

Crítica: Carilla, Emilio. *Ricardo Jaimes Freyre*. B.A.: 1962; Carter, Boyd G. *La Revista de América* de Rubén Darío y Ricardo Jaimes Freyre. (edición facsimilar). Managua: 1967; Otero, Gustavo. *Figuras de la cultura boliviana*. Quito: 1952, pp. 301-321; Villarroel Claure, Rigoberto. *Eloglo de la crítica y otros ensayos*. La Paz: 1937, pp. 121-130.

EN LAS MONTAÑAS

Los dos viajeros bebían el último trago de vino, de pie al lado de la hoguera. La brisa fría de la mañana hacía temblar ligeramente las alas de sus anchos sombreros de fieltro. El fuego palidecía ya bajo la luz indecisa y blanquecina de la aurora; se esclarecían vagamente los extremos del ancho patio, y se trazaban sobre las sombras del fondo las pesadas columnas de barro que sostenían el techo de paja y cañas.

Atados a una argolla de hierro fija en una de las columnas, dos caballos completamente enjaezados esperaban, con la cabeza baja, masticando con dificultad largas briznas de hierba. Al lado del muro, un indio joven, en cuclillas, con una bolsa llena de maíz en una mano, hacía saltar hasta su boca los granos amarillentos.

Cuando los viajeros se disponían a partir, otros dos indios se presentaron en el enorme portón rústico. Levantaron una de las gruesas vigas que, incrustadas en los muros, cerraban el paso y penetraron en el vasto patio.

Su aspecto era humilde y miserable, y más miserable y humilde lo tornaban las chaquetas desgarradas, las burdas camisas abiertas, sobre el pecho, las cintas de cuero, llenas de nudos, de las sandalias.

Se aproximaron lentamente a los viajeros que saltaban ya sobre sus caballos, mientras el guía indio ajustaba a su cintura la bolsa de maíz, y anudaba fuertemente en torno de sus piernas los lazos de sus sandalias.

Los viajeros eran jóvenes aún; alto el uno, muy blanco, de mirada fría y dura; el otro, pequeño, moreno, de aspecto alegre.

—Señor... —murmuró uno de los indios. El viajero blanco se volvió a él.

—Hola, ¿qué hay, Tomás?

—Señor... déjame mi caballo...

— ¡Otra vez, imbécil! ¿Quieres que viaje a pie? Te he dado en cambio el mío. Ya es bastante.

—Pero tu caballo está muerto.

—Sin duda está muerto; pero es porque le he hecho correr quince horas seguidas. ¡Ha sido un gran caballo! El tuyo no vale nada. ¿Crees tú que soportará muchas horas?

—Yo vendí mis llamas para comprar ese caballo para la fiesta de San Juan... Además, señor, tú has quemado mi choza.

—Cierto, porque viniste a incomodarme con tus lloriqueos. Yo te arrojé un tizón a la cabeza para que marcharas, y tú desviaste la cara y el tizón fue a caer en un montón de paja. No tengo la culpa. Debiste recibir con respeto mi tizón. ¿Y tú, qué quieres, Pedro? —preguntó dirigiéndose al otro indio.

—Vengo a suplicarte, señor, que no me quites mis tierras. Son mías. Yo las he sembrado.

—Este es asunto tuyo, Córdova —dijo el caballero, dirigiéndose a su acompañante.

—No, por cierto, éste no es asunto mío. Yo he hecho lo que me encomendaron. Tú, Pedro

94

Quispe, no eres dueño de esas tierras. ¿Dónde están tus títulos? Es decir, ¿dónde están tus papeles?

—Yo no tengo papeles, señor. Mi padre tampoco tenía papeles, y el padre de mi padre no los conocía. Y nadie ha querido quitarnos las tierras. Tú quieres darlas a otro. Yo no te he hecho ningún mal.

—¿Tienes guardada en alguna parte una bolsa llena de monedas? Dame la bolsa y te dejo las tierras.

Pedro dirigió a Córdova una mirada de angustia.

—Yo no tengo monedas, ni podría juntar tanto dinero.

—Entonces, no hay nada más que hablar. Déjame en paz.

—Págame, pues, lo que me debes.

—¡Pero no vamos a concluir nunca! ¿Me crees bastante idiota para pagarte una oveja y algunas gallinas que me has dado? ¿Imaginaste que íbamos a morir de hambre?

El viajero blanco, que empezaba a impacientarse, exclamó:

—Si seguimos escuchando a estos dos imbéciles, nos quedamos aquí eternamente...

La cima de la montaña, en el flanco de la cual se apoyaba el amplio y rústico albergue, comenzaba a brillar herida por los primeros rayos del sol. La estrecha aridez se iluminaba lentamente y la desolada aridez del paisaje, limitado de cerca por las sierras negruzcas, se destacaba bajo el azul del cielo, cortado a trechos por las nubes plomizas que huían.

Córdova hizo una señal al guía, que se dirigió hacia el portón. Detrás de él salieron los dos caballeros.

Pedro Quispe se precipitó hacia ellos y asió las riendas de uno de los caballos. Un latigazo en el rostro lo hizo retroceder. Entonces, los dos indios salieron del patio, corriendo velozmente hacia una colina próxima, treparon por ella con la rapidez y seguridad de las vicuñas, y el llegar a la cumbre tendieron la vista en torno suyo.

Pedro Quispe aproximó a sus labios el cuerno que llevaba colgado a su espalda y arrancó de él un son grave y prolongado. Detúvose un momento y prosiguió después con notas estridentes y rápidas.

Los viajeros comenzaban a subir por el flanco de la montaña; el guía, con paso seguro y firme, marchaba indiferente, devorando sus granos de maíz. Cuando resonó la voz de la bocina, el indio se detuvo, miró azorado a los dos caballeros y emprendió rapidísima carrera por una vereda abierta en los cerros. Breves instantes después, desaparecía a lo lejos.

Córdova, dirigiéndose a su compañero, exclamó:

—Álvarez, esos bribones nos quitan nuestro guía.

Álvarez detuvo su caballo y miró con inquietud en todas direcciones.

—El guía... ¿Y para qué lo necesitamos? Temo algo peor.

La bocina seguía resonando, y en lo alto del cerro la figura de Pedro Quispe se dibujaba en el fondo azul, sobre la rojiza desnudez de las cimas.

Diríase que por las cuchillas y por las encrucijadas pasaba un conjuro; detrás de los grandes hacinamientos de pasto, entre los pajonales bravíos y las agrias malezas, bajo los anchos toldos de lona de los campamentos, en las puertas de las chozas y en la cumbre de los montes lejanos, veíanse surgir y desaparecer rápidamente figuras humanas. Deteníanse un instante, dirigían sus miradas hacia la colina en la cual Pedro Quispe arrancaba incesantes sones a su bocina, y se arrastraban después por los cerros, trepando cautelosamente.

Álvarez y Córdoba seguían ascendiendo por la montaña; sus caballos jadeaban entre las asperezas rocallosas, por el estrechísimo sendero, y los dos caballeros, hondamente preocupados, se dejaban llevar en silencio.

De pronto, una piedra enorme, desprendida de la cima de las sierras, pasó cerca de ellos, con un largo rugido; después otra..., otra...

Álvarez lanzó su caballo a escape, obligándolo a flanquear la montaña. Córdova lo imitó inmediatamente; pero los peñascos los persiguieron. Parecía que se desmoronaba la cordillera. Los caballos, lanzados como una tempestad, saltaban sobre las rocas, apoyaban milagrosamente sus cascos en los picos salientes y vacilaban en el espacio, a enorme altura.

En breve las montañas se coronaron de indios. Los caballeros se precipitaron entonces hacia la angosta garganta que serpenteaba a sus pies, por la cual corría dulcemente un hilo de agua, delgado y cristalino.

Se poblaron las hondonadas de extrañas armonías; el son bronco y desapacible de los cuernos brotaba de todas partes, y en el extremo del desfiladero, sobre la claridad radiante que abría dos montañas, se irguió de pronto un grupo de hombres.

En este momento, una piedra enorme chocó contra el caballo de Álvarez; se le vio vacilar un instante y caer luego y rodar por la falda de la montaña. Córdova saltó a tierra y empezó a arrastrarse hacia el punto en que se veía el grupo polvoroso del caballo y del caballero.

Los indios comenzaron a bajar de las cimas: de las grietas y de los recodos salían uno a uno, avanzando cuidadosamente, deteniéndose a cada instante con la mirada observadora en el fondo de la quebrada. Cuando llegaron a la orilla del arroyo, divisaron a los dos viajeros. Álvarez, tendido en tierra, estaba inerte. A su lado, su com-

97

pañero, de pie, con los brazos cruzados, en la desesperación de la impotencia, seguía fijamente el descenso lento y temeroso de los indios.

En una pequeña planicie ondulada, formada por las depresiones de las sierras que la limitan en sus cuatro extremos con cuatro anchas crestas, esperaban reunidos los viejos y las mujeres el resultado de la caza del hombre. Las indias, con sus cortas faldas redondas, de telas groseras, sus mantos sobre el pecho, sus monteras resplandecientes, sus trenzas ásperas que caían sobre las espaldas, sus pies desnudos, se agrupaban en un extremo silenciosas, y se veía entre sus dedos la danza vertiginosa del huso y el devanador.

Cuando llegaron los perseguidores, traían atados sobre los caballos a los viajeros. Avanzaron hasta el centro de la explanada, y allí los arrojaron en tierra, como dos fardos. Las mujeres se aproximaron entonces y los miraron con curiosidad, sin dejar de hilar, hablando en voz baja.

Los indios deliberaron un momento. Después, un grupo se precipitó hacia el pie de la montaña. Regresó conduciendo dos grandes cántaros y dos grandes vigas. Y mientras unos excavaban la tierra para fijar las vigas, los otros llenaban con el licor de los cántaros pequeños jarros de barro.

Y bebieron hasta que empezó el sol a caer sobre el horizonte, y no se oía sino el rumor de las conversaciones apagadas de las mujeres y el ruido del líquido que caía dentro de los jarros al levantarse los cántaros.

Pedro y Tomás se apoderaron de los cuerpos de los caballeros, y los ataron a los postes. Álvarez, que tenía roto el espinazo, lanzó un largo gemido. Los dos indios los denudaron, arrojando lejos de sí, una por una, todas sus prendas. Y las mujeres contemplaban admiradas los cuerpos blancos.

Después empezó el suplicio. Pedro Quispe arrancó la lengua a Córdova y le quemó los ojos.

Tomás llenó de pequeñas heridas, con un cuchillo, el cuerpo de Álvarez. Luego vinieron los demás indios y les arrancaron los cabellos y los apedrearon y les clavaron astillas en las heridas. Una india joven vertió, riendo, un gran jarro de chicha sobre la cabeza de Álvarez.

Moría la tarde. Los dos viajeros habían entregado, mucho tiempo hacía, su alma al Gran Justiciero; y los indios, fatigados, hastiados ya, indiferentes seguían hiriendo y lacerando los cuerpos.

Luego fue preciso jurar el silencio. Pedro Quispe trazó una cruz en el suelo, y vinieron los hombres y las mujeres y besaron la cruz. Después desprendió de su cuello el rosario, que no lo abandonaba nunca, y los indios juraron sobre él, y escupió en la tierra, y los indios pasaron sobre la tierra húmeda.

Cuando los despojos ensangrentados desaparecieron y se borraron las últimas huellas de la escena que acababa de desarrollarse en las asperezas de la altiplanicie, la inmensa noche caía sobre la soledad de las montañas.

Fuente: *Revista de Letras y Ciencias Sociales*.
Tucumán R.A.: 1906.

AMADO NERVO
(1870-1919)

Nació en la ciudad de Tepec, México, el 27 de agosto. Estudió en Michoacán, en el Colegio de San Luis Gonzaga, pasando en 1886 al Seminario de Zamora, para cumplir con los cursos de ciencias y filosofía.

En 1891, se consagra a la Teología e inicia el noviciado, que deja al concluir el año, para trasladarse a su ciudad natal.

Trabaja en el estudio de un abogado en el pueblo de Mazatlán, envía colaboraciones al periódico local, *El Correo de la Tarde,* y escribe poesías con asuntos religiosos.

En 1892 se radica en México D. F., para dedicarse a tareas mercantiles, pero sin abandonar el cultivo de las letras.

Al fundar Gutiérrez Nájera y Díaz Dufóo, la *Revista Azul,* participa del credo modernista.

A partir de 1894 entra como redactor en *El Universal* y después *El Nacional* hasta fin de siglo, en que como corresponsal de *El Mundo,* viaja a París para la

101

Exposición Internacional, cubriendo con notas de mucho interés, el acontecimiento.

Es el momento de su definición estética, perceptible por su contribución a *La Revista Moderna,* fundada por él y por Jesús E. Valenzuela en 1898, y que durará hasta 1903.

Se produce su ingreso en la carrera diplomática, al ser designado en 1905 como secretario de la Legación de México en España.

Participa activamente de los movimientos culturales renovadores europeos, publica sus poemarios: *En voz baja* (Madrid, 1909), *Serenidad* (Madrid, 1912), *Elevación* (Madrid, 1916), una excelente biografía de *Juana de Asbaje* (Madrid, 1910), la prosa brillante: *Plenitud* (Madrid, 1918).

Al cesar como funcionario del Ministerio de Relaciones Exteriores Mexicano, padece penuria económica que sobrelleva con dignidad, hasta 1918, en que es nuevamente convocado por el gobierno del momento.

Lo designan como Enviado Extraordinario y Ministro Plenipotenciario en Argentina y Uruguay, con residencia en Buenos Aires (noviembre de 1918), haciéndose cargo en marzo de 1919.

Durante el mes de mayo de ese año, preside un Congreso en la ciudad de Montevideo. Enferma gravemente y fallece el día 24.

Con honores de Ministro, recibieron sepultura definitiva, el 14 de noviembre en la Rotonda de los Hombres Ilustres, del Panteón Civil en la capital de México.

De Luis Leal, tomamos este testimonio sobre su prosa narrativa:

"Nervo nunca dejó de escribir cuentos, forma literaria por la cual sentía especial predilección. Al pasar de los años, se perfecciona en el género hasta llegar a dominarlo por completo. En su colección *Almas que pasan* (1906) nos dice sobre la técnica: ' es cierto que para escribir un cuento suele no necesitarse la imaginación; se ve correr la vida, se sorprende una escena, un rasgo, se toman de aquí y de ahí los elementos reales y palpitantes que ofrecen los seres y las cosas que pasan, y se tiene lo esencial. Lo demás es cosa de poquísimo asunto: coordinar aquellos datos y ensamblar con ellos una historia; algo que no es cierto actualmente pero que lo ha sido; algo tal vez que en aquel instante no existe, pero que es posible y ha existido sin duda. Hacer que cada uno de los personajes viva, respire, ande, que la sangre corra por sus venas, que, por último, haga exclamar a todos los que los vean en las páginas del libro: ¡Pero si yo conozco a esa gente!' ".

"Sin embargo, en la mayor parte de los cuentos de Nervo predomina la nota fantástica, el ambiente exótico, y el personaje irreal. Pero le preocupan, sobre todo, los temas en torno a problemas filosóficos: el más allá, la muerte, el tiempo, la inmortalidad. No predomina, sin embargo, el tono intelectual; son los suyos cuentos poéticos sobre temas trascendentales". (*Historia del cuento hispanoamericano.* México: 1971, pp. 54-55).

Obra: *Obras completas.* Texto al cuidado de Alfonso Reyes. Madrid: Biblioteca Nueva, 1920-1928; *Obras completas.* Madrid: Aguilar, 1962. 2 vols., V. 1o. edic., estudio y notas de Francisco González Guerrero, *prosas.*

Crítica: Estrada, Genaro. *Bibliografía de Amado Nervo.* México: 1925.; González Casanova, Henrique. "La prosa de Amado Nervo", *México en la Cultura,* 194 (dic. 7 de 1952), pp. 7 y ss.; Leal, Luis. *Introducción a Amado Nervo: sus mejores cuentos.* Boston: 1951.

EL DEL ESPEJO

Así como las mujeres se sonríen a través del espejo, Gabriel había caído, yo no sé cómo, en la manía de verse en el cristal cuando dialogaba consigo mismo.

¡Qué hombre no habla solo!

Todo el mundo habla solo. Pero a Gabriel no le bastaba hablar solo, sino que lo hacía frente al espejo.

Parecíale que, de otra manera, el diálogo no era completo.

Necesitaba un interlocutor, y ese interlocutor era la imagen que el espejo le devolvía; tanto más cuanto que gesticulaba al par que él, y como hacía con los labios los mismos movimientos que Gabriel, hasta le parecía a éste que hablaba la imagen.

Tuvo, pues, al cabo de poco tiempo, dos "yoes", no internos, sino externos, sustantivos, individualizados: el suyo propio, y el de la imagen que le devolvía el espejo.

Cada uno de esos yoes mostraba su índole, su carácter, personalísimos.

El *alter ego* que en lo íntimo de nuestro espíritu departe con nosotros, que generalmente alardea de una opinión contraria a la nuestra, que nos sume en frecuentes perplejidades, para Gabriel estaba personificado en la imagen del espejo; de tal modo, que acabó por ver en ella a un sosías antagonista, con quien, si hemos de ser francos, le complacía discutir, porque así desahogaba sus iras, vaciaba sus problemas, se desembarazaba de sus objeciones.

Ésta, como todas las costumbres, llegó a ser en Gabriel una segunda naturaleza.

Le hubiera sido imposible examinar, analizar una cosa *a solas*. Necesitaba departir con su *otro yo*, con su *doble*, con *el caballero aquél* del espejo... que siempre le llevaba la contraria.

Y así cuando en la noche oprimía el botón de la incandescente y se quedaba a obscuras para dormir, era cuando se sentía solo. El *del espejo* no estaba allí, puesto que no había luz.

Debía dormir también allá, en el fondo misterioso del biselado cristal, con un sueño levísimo de fantasma.

Pero si, antes de que Gabriel se durmiese le tumultuaba en el cerebro alguna idea, alguna preocupación de las que nos trae el insomnio, incapaz de soportarla solo, saltaba de la cama, encendía la luz y se iba al espejo, a despertar al *otro*, a discutir con él los "por qué" de su inquietud y de su angustia.

—¿Crees tú —porque lo tuteaba—, crees tú —decíale a cada paso, en estas discusiones—, crees tú que tengo razón?

Y el espejo devolvía a Gabriel un encogimiento de hombros... *El otro* se encogía de hombros.

—¡Eso no es responder! —solía replicar Gabriel, exaltándose poco a poco; y el del espejo iba también exaltándose, hasta que ambos manoteaban desesperadamente y gritaban (o cuando menos gritaba uno de ellos) hasta desgañitarse.

La cólera del individuo del espejo, sus ademanes trágicos, su rostro congestionado, encendían más y más las iras de Gabriel, y el que esto escribe no se explica cómo pudieron en tanto tiempo no venir a las manos y abofetearse concienzudamente.

Pero que no lo hicieron lo testificó la integridad del espejo, tranquilo, brillante, profundo, que no mostraba ni la más mínima lesión... ¡hasta el día en que sucedió la gran desgracia!

Los criados sabían que el señorito Gabriel hablaba solo, y como esto nada tiene de raro, dejábanlo en paz. Apenas si muy de vez en cuando alguno de ellos se asomaba al ojo de la cerradura.

Pero aquella mañana no dejó de inquietarles el diapasón de la voz.

Gabriel decía quién sabe cuántas cosas con estentóreo acento.

La discusión, allá, dentro de la pieza, había llegado a extremos deplorables.

El caballero del espejo empezó, como de costumbre, por encogerse de hombros; luego manoteó, luego... (¡quién lo creyera!) le enseñó los puños a Gabriel.

Éste no pudo más, y en el paroxismo de la rabia, corrió hacia un *secrétaire*, y de un cajón sacó un revólver.

Debo advertir que la discusión no tenía importancia. A lo que parece, *el otro* le reprochaba interiormente a Gabriel ciertas palabras nada corteses que había dirigido a un individuo antipático. Pero Gabriel, aquel día, estaba más nervioso que de costumbre, y a las primeras réplicas se exaltó.

Ya con el revólver en lo mano, volvió de nuevo al espejo.

—Miserable —dijo al sosías— ya no puedo

soportarte. Me estás amargando la vida. Eres un canalla, un... *esto*, un... *lo otro*... ¡Vas a ver!

Al *vas a ver*, el del espejo se encogió de hombros (así lo creemos cuando menos, pues no tenemos más indicios de lo que debió de acontecer), y Gabriel, ciego de ira, le apuntó a la cabeza y disparó.

Al oír la detonación, la servidumbre, ya inquieta por la extraordinaria violencia de los gritos, se precipitó en la pieza y se quedó consternada:

El espejo había sido estrellado por el proyectil, y Gabriel yacía exánime a los pies del cristal, con un balazo en la frente.

Fuente: *Obras completas.* Madrid: 1920-28.
t. IX, pp. 179-83.

DARÍO HERRERA
(1870-1914)

Nació en la ciudad de Panamá, el 18 de julio. Se ignoran detalles sobre su educación, y sólo en 1893 aparecen noticias concretas de su nombre a través de colaboraciones firmadas, en las que se siente una definida sensibilidad modernista, publicadas en diarios locales.

Dos años después, ejerce el cargo de Secretario de la Alcaldía Municipal, que abandona en 1898 para radicarse en Buenos Aires.

Antes de arribar a la capital de Argentina, recorre Ecuador, Perú y Chile, traba amistad con jóvenes intelectuales en cada país, pero las más notorias serán con José Santos Chocano, Francisco y Ventura García Calderón, que ocupaban la crítica literaria en Lima.

Llega a Buenos Aires en pleno auge de las nuevas tendencias que renuevan tanto la poesía como la prosa. Darío cerraba el ciclo de años decisivos (1893-1898); Lugones, Jaimes Freyre, Luis Berisso, Ángel Estrada (h), Leopoldo Díaz, entre otros, ejercían el oficio de escritores con reconocimiento público.

Colaboró en *El Mercurio de América* (1898-1900) dirigido por Eugenio Díaz Romero, en el diario *La Nación* y envió regularmente notas a *El Mercurio* (Lima).

Salud delicada: dispepsia, insomnios, desequilibrios psicológicos frecuentes:

("Soy un desgraciado neurótico y a ello ha contribuido más que el trabajo intelectual una dispepsia tenaz e implacable que sufro desde hace la friolera de cinco años. Sufro insomnios frecuentes y no tomo nunca licor, porque el licor me enferma". Carta al poeta cubano Federico Urbach. En: Portuondo, José Antonio. *Apuntes sobre los Urbach;* La Habana: 1953, pp. 15).

Aparece el único volumen de cuentos, escritos en Buenos Aires, que intitula *Horas lejanas* (1903), recibido por la crítica como un valioso testimonio de la estética modernista.

En 1904 regresa a Panamá y es nombrado cónsul en Saint Nazaire, cargo que nunca desempeñó porque, al llegar a París, debió ser internado en una clínica especializada en afecciones nerviosas.

Retorna a su patria al año siguiente, pero al pasar por La Habana, sufrió una crisis psicológica aguda de la que tardó en recuperarse.

Max Henríquez Ureña que era su amigo, confiesa que tenía manía persecutoria que lo disturbaba por largo tiempo.

De Panamá viaja a El Salvador y de allí a México (1908) donde recibe la cálida amistad de Alfonso Reyes, Luis G. Urbina y Díaz Mirón.

Por entonces vive exclusivamente del periodismo, en particular crónicas, caracterizadas por su elegante prosa y el cosmopolitismo, que fue reflejo de su vida mundana.

El gobierno panameño lo designa con el rango de cónsul en El Callao, el que ejerce hasta 1913, en que es trasladado a Chile, como cónsul general con sede en Valparaíso. En esa ciudad fallece al año siguiente, el 10 de junio.

Citaremos dos juicios de valor a su obra de cuentista, que explican el perfil de su creación con distintivos modernistas: símbolo, color, descripción, miniaturismo.

Son ellos por orden cronológico los de Francisco García Calderón y Rodrigo Miró.

"Si quisiéramos dar en cifra lo que vale el estilo de Darío Herrera, diríamos que es la obra eximia, la quintaesencia de un espíritu equilibrado, en quien se reúnen la psicología dolorosa, y la larga visión de la vida, la opulencia y la magia de la forma. En el medio americano, Herrera pertenece a la generación de los renovadores, de los que huyen del fárrago decadentista y de la imitación viciosa para entregarse a la obra magna de aquilatar la lengua y de traer al arte la complejiad, la exquisita virtud del alma moderna" (García Calderón: "La personalidad de Darío Herrera. Su ideología. Su estilo. Impresiones sobre su *Horas lejanas*." En: *Heraldo del Istmo,* 16, 21 de setiembre de 1904, reproducido en: *Panamá América,* 12 de junio de 1939).

"Literalmente hablando, la porción más valiosa de la obra de Herrera la integran sus cuentos. Es, lo advertimos leyéndolo, la que le mereció más constante dedicación, el género donde podían manifestarse más felizmente algunas de sus peculiaridades. Porque Herrera, de naturaleza enfermizo, fue un temperamento nervioso, apto para la comprensión de los demás, particularmente de los caracteres femeninos, los que mejor entiende y retrata. Y hombre con acusada sensibilidad plástica, gustador del espectáculo del mundo, que se complace en describir. Esa afición por el paisaje, natural y urbano, y la necesidad de describirlo, le exigieron el vocabulario cónsono. De ahí la riqueza de su léxico, la estructura musical de su frase, los valores plásticos de su prosa".

(Miró: "Darío Herrera en el centenario de su nacimiento", en: *Boletín de la Academia Panameña de la Lengua,* 5, 1970, pp. 12).

Obra: *Horas lejanas.* B. A.: 1903; *Horas lejanas* (selección). Panamá: 1918.

Crítica: Henríquez Ureña, Max. "Mis recuerdos de Darío Herrera", en: *Lotería,* Panamá: marzo de 1946, pp. 18-20; Miró, Rodrigo. *El cuento en Panamá* (estudio, selección, bibliografía). Panamá: 1950, pp. 10-11; Mosquera de Martínez, Gloria Luz. *Darío Herrera, modernis-*

ta panameño. Madrid: 1964; Sinán, Rogelio. "Darío Herrera", en: *Primer Congreso Regional de Academias de la Lengua de Centroamérica y Panamá.* Managua, Nicaragua, 1967, pp. 13 y ss.

BETTY

...Y como le tocara el turno a Adrio, en aquella rememoración de aventuras curiosas, se expresó así:

—Después de la cena, Betty me hizo pasar al saloncito rojo, donde, cerca de la ventana, sobre pequeña mesa de laca, humeaban dos tazas de té.

Betty es una artista excéntrica: a quince pasos parte una bala de revólver en el filo de un puñal. Fuera llovía, y lo destemplado de la noche de invierno hacía amable la temperatura interior, caldeada por el fuego alegre de la chimenea. La irradiación de la lámpara, devuelta en refracciones escarlatas por la tapicería, sonrosaba suavemente el rostro de Betty. Un peinador blanco la cubría, marcando las ondulaciones soberbias de su carne. En el verde de sus ojos, al toque de la luz, chispeaban aguas, como en las facetas de dos esmeraldas prodigiosas; y su cabellera, recogida sobre la cabeza, era un sólido amontonamiento de rayos solares... Hermosa cual una tentación, lo estaba más que nunca, hasta por la misma misteriosa melancolía de su semblante.

En aquel momento —por segunda vez desde el principio de la cena— un órgano callejero nos envió las notas desafinadas de su música; y Betty, mirándome de un modo particular, me dijo:

"¿Quiere saber algo de mi historia? Se lo contaré, si me promete no asustarse... Convenido, ¿verdad? Bien, escuche...".

Ante todo debo advertirle que Betty no es tan sólo una belleza admirable, sino que posee una inteligencia y una cultura excepcionales: su conversación es fácil y colorida. He aquí su relato:

Hace siete años... tenía yo apenas diez y ocho. Habitaba en uno de los barrios antiguos de New York. La semana comenzó fatal para mí. Tom, mi marido, llevaba tres días de no ir a la casa, y ya sabía yo lo que su ausencia significaba. Sentía una tristeza honda. Eran las once de la noche. No me acostaba porque presentía el insomnio; no leía porque mi cerebro habríase rebelado a todo trabajo que no fuera el de sus propias impresiones. Cogí la caja de revólveres —herencia de mi padre, junto con su maestría en las armas de fuego— y salí al balcón para limpiarlos uno a uno, con el fin de apaciguar así la actividad morbosa de mis nervios.

El aire era cálido y sereno. Al través de su transparencia cristalina, en el azul lejano, resplandecían los astros. La calle, angosta y desierta, estaba sumida en el sueño, y, coincidencia extraña, apagado el foco eléctrico de la esquina próxima.

Los acordes ruidosos de un organillo me distrajeron en la tarea. Hallábase en la esquina, y la penumbra del sitio no permitía distinguir claramente los objetos; pero el sonido del instrumento me era familiar, y aquella sombra humana, cuyo brazo daba vueltas al manubrio, era la del pobre viejo que desde la primavera, venía todas las noches a darnos su serenata. Cuando concluía, se acercaba al pie del balcón a recoger las monedas que le arrojábamos, y se iba luego a lo largo de la calle, encorvado y vacilante por el doble peso de la caja y de los años.

Esa música vagabunda, imperfecta, casi rudimentaria, despierta por lo general —oída así, en el silencio grave de las noches solitarias, de las noches de meditaciones desoladas— recuerdos llenos de una tristeza íntima, tanto más dominadora cuanto menos traducible es para el alma. Mil acontecimientos del pasado, confusos, vagos, cual nebulosas brillantes y al mismo tiempo informes, surgen, y su evocación es grata y dolorosa, como un goce amargo, como un sufrimiento dulce... No obstante, esa noche los recuerdos acudieron a mí, precisos, punzadores.

Como visiones cinematográficas, fugaces, pero vívidas, desfilaron ante mi memoria todos los sucesos de mi existencia de casada. Los primeros meses de una pasión llena de deleites, compartidos con aquel ser ardoroso, que sabía tener en sus caricias ternuras exquisitas. Luego, la primera sombra, el primer pesar: la tarde en que Tom se me presentó con la faz alterada, el traje descompuesto, la mirada incierta y torva, la voz titubeante, todos los síntomas abominables de la embriaguez. Después, aquel acto de crueldad brutal, cometido en el gato de Angora. El animal se restregaba mansamente en sus piernas. Lo agarró por la cola afelpada, lo hizo girar en el aire con violencia, como una honda, y lo estrelló contra la pared, en cuyo papel quedaron impresos los fragmentos del cráneo roto. Esa escena —productos sin duda de la irritación alcohólica, exacerbada por el reproche silencioso de mis ojos y de mi actitud— me reveló cuántos sedimentos de ferocidad atávica conservaba en su sangre el hombre a quien yo le tenía dados mi cuerpo y mi alma, toda mi vida joven y ardiente.

Desde aquel día el alcoholismo, hasta entonces para mí oculto, le recuperó de un modo absorbente. Todo cambió en nuestro amor, y vinieron zozobras y angustias horribles... He sido siempre altiva, nunca puedo vencer mi carácter; y por esto, cada vez que Tom aparecía ebrio, me encerraba en la alcoba y no me dejaba ver de él hasta que, transcurridos muchos días de sobriedad, la vergüenza dolorosa de su arrepentimiento arrancaba a mi cariño el perdón. El vicio le esclavizaba; su amor a mí le vencía; e incapaz de libertarse de estas dos influencias contrarias, acompañaba últimamente sus reincidencias con alejamientos prolongados, a veces por toda una semana, con el pretexto de ocupaciones serias... que yo fingía creer, porque retornaba desbordante de atenciones delicadas y de entusiasmos pasionales. Pero, en el fondo, mi vida era profundamente triste, y aquella noche poblaban mi espíritu mil presagios torturadores. El organillo seguía dando, en el silencio nocturno, su tocata. Era uno de esos aires insignificantes, fastidiosos a fuerza de ser escuchados. Súbito, la música cesó, y el ruido de cosas rotas con estrépito atrajo mi atención.

En medio de la calle, vagamente, vi esparcidos los fragmentos informes de la caja de música; oí la voz alterada del viejo, y ante él vislumbré a un hombre... o más bien su silueta, envuelta en el misterio por la penumbra. En seguida comprendí el hecho: aquel hombre había derribado, despedazado el sustento del pobre anciano, el cual estaba iracundo y abatido, pues en su acento había a la vez amenazas y sollozos. El malévolo bromista permanecía mudo, al parecer burlonamente impasible. Esto debió de exasperar al organista, porque trató de acometer a su enemigo... Fue una lucha rápida y desigual: un formidable golpe de box cayó sobre el viejo, y rodó por el suelo como una masa inerte...

Yo había asistido a la escena, anhelante, apretando nerviosamente el puño de un revólver, recién cargado. Mi temperamento impulsivo me arrojaba a la cabeza oleadas de sangre; las ideas en mi cerebro eran rojas, y una resolución terrible se adueñó de ellas... Todo aquello se efectuaba con duraciones de segundos.

El agresor estaba aún en pie, en la esquina. El contorno de su cabeza se destacaba netamente en la sombra. Alcé el brazo; le apunté cuidadosamente a la sien... sonó el tiro... luego un grito espantoso... una voz conocida en ese grito, y Tom, mi marido —pues era él— rodó también por el suelo, inerte, ¡con el cráneo destrozado...!

Betty callaba hacía algún tiempo, y yo no encontraba una sola frase para desvanecer el penoso mutismo. El té, ya frío, estaba intacto en las tazas; la música noctámbula venía ahora de muy lejos, confusa, y sólo la lluvia golpeaba monótonamente los vidrios de la ventana.

De pronto, en una de sus inesperadas transiciones, exclamó Betty, riendo:

—Confiese que se ha impresionado. Yo, a mi vez, reconozco que he sido irreflexiva... como siempre. Pues bien, en compensación —la lluvia se empeña— le permito ser mi huésped esta noche... No lo pasará mal, se lo prometo.

Y en verdad, Betty, cuando lo quiere, es una mujer encantadora.

Fuente: *Horas lejanas.* B.A.: 1903.

MANUEL DÍAZ RODRÍGUEZ
(1871-1927)

Nació el 28 de febrero en una hacienda próxima a Chacao, Venezuela. Recibió su primera educación en la casa paterna, ingresando en el Colegio Sucre para cursar los años de bachillerato, y pasar a la Universidad Central de Venezuela (Caracas), donde culminó estudios superiores con el grado de Doctor en Ciencias Médicas en 1891.

Es importante señalar la profunda renovación ideológico-científica, que impulsada por algunos prestigiosos docentes universitarios de orientación liberal (más precisamente anti-clerical), influyeron en la generación a la que perteneció Díaz Rodríguez.

En 1892 viaja a París con la decisión de perfeccionar sus conocimientos en medicina, que logra en un total de dos años, aunque los últimos seis meses estudió en Viena.

Trabajó intensamente y fuera de unas breves vacaciones en Italia, confiesa que ni siquiera tenía tiempo para leer a los maestros. En cuanto al futuro inmediato parecía tener el mismo modelo:

"Mi perspectiva para el porvenir, prolongaba, con pocas diferencias, el mismo paisaje de labor del invierno último: una sala de hospital, una mesa de disección y un laboratorio de bacteriología". (En: *Sermones líricos*. Caracas: 1918, pp. 276).

Regresa a Caracas en junio de 1896, por tres años trabaja como médico , se casa con Graziella Calcaño (hija del escritor Eduardo Calcaño) y parten para Europa a fin de julio de 1899.

Una firme vocación literaria; se va introduciendo en forma segura en la preparación de un libro de viajes, otro de confesiones y recuerdos (1896-1898), para culminar antes de terminar el siglo con *Cuentos de color*.

En París comienza la primera redacción de su novela *Ídolos Rotos* (1899-1900) que publicará en 1901.

Al volver a su patria, estaba decidido al abandono de su profesión, para dedicarse por entero a las letras, pero a la muerte de su padre (1902) deberá hacerse cargo de la administración de los bienes de familia. De este período deja la siguiente semblanza:

"Vivía yo por ese entonces en el campo. La muerte de mi padre y el llamamiento materno que me instaba a la defensa de la casa, me impusieron al frente del haber, ya casi ilusorio, de la familia. Componíase nuestro patrimonio, de posesiones agrícolas, abrumadas y carcomidas por la hipoteca.

"Para quienes muy generosamente dan a ciertas actitudes de mi vida y al buen suceso de algunas de mis páginas literarias, la explicación de que siempre viví en la holgura y la riqueza, creo bueno consignar que en ese tiempo y durante siete largos años mi actividad y mis posibles económicos no pasaron de ser los mismos de cualquier corriente mayordomo de finca rústica". (En: *Sermones líricos*, pp. 287).

Pasada esta etapa, desde 1909 hasta 1926, desarrolla una decidida actividad pública que comprende la responsabilidad de ocupar cargos de la importancia de: Vice-Rector de la Universidad Central (1909), Representante de Venezuela en la IV Conferencia Panamericana (Buenos Aires, 1910), Director de Educación Superior y Bellas

Artes (1911), Ministro de Relaciones Exteriores (1914), Senador por el Estado Bolívar (1915), Ministro de Fomento (1916), Embajador en Italia (1919-1923), Presidente del Estado Nueva Esparta (1925) y del de Sucre (1926).

Víctima de una grave afección a la garganta, se trasladó en mayo de 1927 a New York, para ser asistido en el Memorial Hospital.

Falleció el 24 de agosto, y sus restos trasladados a Caracas en el mes de setiembre de ese año.

El prestigioso crítico venezolano Mariano Picón Salas, cuando se refiere a la creación de personajes decadentistas y modernistas en la prosa narrativa de Díaz Rodríguez, expone también otros aspectos:

"Cierto preciosismo musical y don pictórico es su gran aporte a nuestra prosa moderna; y desde este punto de vista su influencia en la evolución del estilo español puede equipararse con la de un Valle Inclán que empezaba a ejercer en España de la misma época, aunque la obra de Díaz Rodríguez no logre la variedad y multiplicidad de la del gran maestro hispano. De la novela dannunziana, del análisis psicológico o el coloreado y brillante cuadro de viajes de sus obras de juventud, él querrá llegar en la edad madura a obras más realistas como su "Peregrina o el pozo encantado" que por el logrado color local y por la lengua criollísima que hablan los personajes, es la más venezolana de sus obras. Y lo que él quiso que fuera una fuerte novela rústica se desenvuelve en el claro color, en el clima idílico y delicioso de una pastoral italiana.

"Díaz Rodríguez ejemplariza así toda una corriente de trabajado estilismo, de escritura artística —a la manera de los Goncourt y de D'Annunzio— que hasta ese momento fuera desconocida en nuestras letras".

(En: *Formación y proceso de la literatura venezolana.* Caracas: 1940, pp. 194-195).

Obra: *Cuentos de color.* Caracas: 1899; *Sangre patricia* (novela) Caracas: 1902; *Manuel Díaz Rodríguez* (obras), estudio preliminar de Lowell Dunham. Caracas: 1964. 2 vols.

Crítica: Dunham, Lowell. *Manuel Díaz Rodríguez. Vida y obra.* México: 1959; Araújo, Orlando. "El modernismo literario: introducción a un trabajo inédito sobre Manuel Díaz Rodríguez", en: *Revista Nacional de Cultura,* 126 (Caracas, 1958), pp. 7-24.

CUENTO GRIS

Hacía rato que los cuatro médicos charlaban con bastante viveza. Al principio se refirieron casos extraños y difíciles. Y a propósito de uno de estos casos, pasaron a contarse, entre cuchicheos, risas y exclamaciones, historias de oprobio y deshonra, a ellos reveladas en el seno de las familias: crímenes ocultos, de amor la mayor parte; secretos vergonzosos de codicia y lujuria; todas las insanias, fealdades y tristezas del barro hecho hombre. Cada uno, psicólogo y médico a la vez, fue sacando de su museo particular, llevado en la memoria, las piezas más raras: algunas miserias peregrinas, pálidos jirones de cuerpos y muchos andrajos de almas.

Al mismo tiempo hablaron de lo arduo y fatigoso de la profesión, fuente inagotable de hastío, de noches de insomnio, de placeres truncados, de infinitas privaciones y mil disgustos, como viajes emprendidos en toda época del año y a toda hora, lluevan llamaradas de sol o baje de los cielos agua a torrentes.

Dijeron también de la comedia por ellos representada a los ojos del vulgo, incapaz de medir y recompensar los esfuerzos del clínico; y entonces recordaron las acusaciones terribles de que es víctima el médico, los injustos reproches que el médico está condenado a oír en boca de los clientes, como si no les bastara su propio desconsuelo ante la vanidad de las cosas y el vacío del saber, cuando una vida de hombre se le va de entre las manos y nada impide a la sangre dormirse en las venas, a los ojos llenarse de sombras y a la inteligencia caer, como débil llama tremulante, en un pozo de aguas negras y profundas.

—Pues yo —dijo con esta ocasión el más joven de los cuatro médicos— he oído las acusaciones más disparatadas y los reproches más duros. Bástame haber siempre ejercido en campos y aldeas, pues nada hay tan difícil como llevar a las almas de campesinos y aldeanos, con la excusa para nuestros errores, la idea de lo menguado y relativo de nuestra ciencia. En los comienzos de mi carrera, a cada paso recibía yo una granizada de reproches, y cada vez me atormentaba estudiando el modo de evitar el granizo. Colegas más ignorantes y menos afortunados lo evitaban. ¿Por qué no podía yo hacer igual cosa? El adaptarse a un medio requiere algún sacrificio, y el médico hace el de su ingenuidad cuando ejerce en aldeas y campos. Será, según los casos, charlatán, brujo, o algo parecido, excepto lo que realmente es ante la propia conciencia. De no hacer este sacrificio, la abundancia nunca pasará por sus manteles y ha de estar apercibido a huir, a lo mejor y entre las tinieblas nocturnas, del encono y la rabia lugareños.

De todos modos, oí de tiempo en tiempo algunos reproches, pero ya con oídos de mercader. Sólo uno me hirió hondamente, por la manera como se me hizo y las circunstancias que lo acompañaron. Fue simple y espantoso a la vez. Jamás lo olvido, y el recordarlo me llena siempre de escalofríos y vierte en mi alma las angustias y congojas del remordimiento. Tendría yo poco más de un año de establecido en Cantarena, poblachón antipático en donde la fiebre palúdica reina sin la más vaga sombra de enojosos rivales. Fuera del nombre, en mi sentir muy bello, Cantarena es lo más antipático del mundo. Ahí fue mi iniciación en la lucha por la vida, mi iniciación en esta existencia de médico, humilde y amarga, arrastrada de pueblo en pueblo, sin mejoras de fortuna, sin días claros ni momentos felices, sin esperanzas de riqueza y aun menos de renombre. Como es natural suponer, mis principios fueron difíciles: hube de pelear bravamente, deshaciendo intrigas, evitando golpes, burlando armadijos y redes, hasta abrirme un espacio en donde comer tranquilo mi pedazo de pan mojado de lágrimas.

Armadijos, golpes e intrigas eran obra de un colega nuestro, de un farmaceuta de contrabando y del mismo señor cura de Cantarena, quien, no contento con ser médico de almas, aplicábase a curar el cuerpo de los míseros pecadores, pero con tan mala suerte, que las almas íbansele en derechura a las copas y los dados, en tanto se le escapaban los cuerpos caminito del sur, hacia el paraje más hermoso y útil de los contornos, lleno de piedras albas y cujíes de anchos doseles, coquetón cementerio blanco y verde, paramentado de rojo cuando florece el cujisal sobre las tumbas.

Por lo demás, ninguna ventaja les lleva Cantarena a los otros pueblos comarcanos. Tiene el mismo aspecto ruin y pobre. El núcleo de la población lo forman dos calles, muy rudimentaria una de ellas. Las demás casuchas del pueblo se alejan de ese núcleo, desparramándose desigualmente como las aves más cautelosas y esquivas de una misma bandada. En el pueblo, como en sus habitantes, igual tristeza y desmedro: caserones caídos para no alzarse nunca más; casas abandonadas para siempre, cuando apenas comenzaban a levantarse del suelo; hombres de treinta años con aires de adolescentes marchitos, sin un pelo en la barba, ni un rastro de fuerza en los músculos; y en casi todas las puertas, o jugando con el polvo de la calle, niños menguados, pálidas flores de anemia, de piernecitas gráciles como hilos, vientres enormes, párpados espesos y labios lastimosos, pobres labios en donde no abren las rosas de la salud, ni rompen las risas frescas y radiantes, ni cantan sino los besos de la fiebre. Es la desolación de los hombres en medio a la infinita desolación de las cosas. Nunca pienso en esos lugares, en donde forzosamente vivo y trabajo aún, sin representarme la patria como un vasto desierto, a cuya tristeza y esterilidad concurren dos fantasmas: el fantasma color de sangre de la guerra civil y el lívido, y no menos odioso, fantasma de la fiebre.

Este último jamás abandona a Cantarena: mantiénese en acecho en cada hogar de campesino, espiando, con sus ojos de llamas, los ojos próximos a extinguirse para siempre, señalando, con sus dedos convulsos, las manos encallecidas próximas a caer contra las paredes de un ataúd muy pobre, pintarrajeado de negro.

A veces pasa como una ráfaga de muerte, y mientras unos caen para no alzarse jamás, otros emigran, huyendo del azote. En una de estas ocasiones fui llamado a una casita algo distante del lugar. Para llegar hasta la casa, débese orillar primero una laguna situada al noroeste de la población, y luego seguir una senda fangosa, de bordes llenos de maleza. Los habitantes de Cantanera ven esa laguna con ojeriza y rencor no infundados: dicen que de ella salen fiebres como del mar nubes. Sin embargo, después del cementerio, la laguna es lo más hermoso de los alrededores. Al menos hacia la tarde es una gloria verla copiar, en el fondo de sus aguas dormidas, el incendio del crepúsculo; y es casi una delicia por las noches serenas, cuando de sus aguas verdosas y del matorral de sus orillas álzase vibrando en el aire transparente el coro monótono y dulce de su pueblo de ranas. Primero son tres, cuatro, cinco ranas las que interrupen el silencio con su croar continuo; después agréganse otras, y otras, hasta formarse un gran orfeón lloroso como de infinitas plañideras que marcharan tras un convoy fúnebre, perdido en las sombras.

Era mediodía cuando me llamaron. Apenas pude, monté a caballo y me dirigí a la casa, habitación de una vieja mulata, de mucho antes cliente mía, y de un hijo suyo. Éste era el enfermo. La vieja, de nombre Paula, hacía apenas un año era envidiada, en el pueblo, de todas las madres, por tener tres hijos buenos y dóciles como si fueran corderos, y a la vez tan sanos y robustos como los toros salvajes. Pero, hacía un año precisamente, la guerra habíale matado el mayor. El segundo, honrado y trabajador como los otros, era el mala cabeza de la familia: la daba de cuando en cuando por beber, y entonces volvíase loco, armaba pendencias monumentales y era la zozobra y consternación de la aldea. En una reyerta, provocada por él, halló la muerte poco tiempo después de morir el primogénito.

Y así fue cómo la pobre madre quedó con un solo hijo. La tristeza nacida de su doble e irreparable pérdida se fue cambiando poco a poco en amor abnegado y sin límites para el hijo sobreviviente. Lo rodeó de sus mejores ternezas, lo convirtió en ídolo y como a un dios lo adoraba.

Era un amor lleno de angustias y temores. Al ver en su hijo el menor indicio de enfermedad, sobresaltábase, y sobresaltada, no sin razón, vino a mi encuentro aquel día. El hijo, fuerte mocetón de veinte años, de ojos claros y piel obscura, tenía la fiebre. El caso me pareció un caso vulgar. Sólo hallé algo congestionado el rostro y oí en el pecho algunos estertores de bronquitis.

—Creo que no hay motivo de alarma —dije a la buena mujer.

Ordené en seguida lo que había de hacerse al enfermo, y partí, prometiendo volver a la tarde, antes de cerrar la noche.

Por la tarde, en efecto, volví, pero la enfermedad no ofrecía grandes cambios. Sin embargo, a las reiteradas preguntas de la vieja, contesté:

—*Me parece mejorcito* —y pensando volver al día siguiente con el alba, me despedí, ansioso de llegar adonde ya me esperaban de seguro mis contertulios de todas las noches, dispuestos a dar principio a nuestras habituales partidas de dominó, eternas y bulliciosas.

Muy tranquilo y confiado llegué en la mañana siguiente, a la casa. La vieja, de pie e inmóvil en la puerta, veía con rara tenacidad hacia el Oriente, como si esperase algo que estaba por venir, tal vez de la población, tal vez de mucho más lejos. No se movió para venir a mi encuentro. Sin fijarme en su actitud enigmática, y mientras me apeaba del caballo, le di los buenos días y le pregunté, en tono de voz casi alegre, por el enfermo.

—*Me parece mejorcito* —contestó la vieja, pero sin dar un paso, ni dejar de ver, con los ojos muy fijos, en dirección a Oriente. Después de lo que voy a contar fue cuando caí en la cuenta de que la vieja repitió con fidelidad implacable mis últimas palabras de la víspera.

Suponiendo que Paula me seguiría en lo interior de la casa, penetré en ésta, y fui sin vacilar hasta el cuarto del enfermo. Rodeado de mujeres que rezaban en voz baja, y en medio de algunas luces estaba mi cliente, muerto durante la noche.

Ante aquel espectáculo, oyendo todavía las palabras de la vieja, y recordando su actitud, sentí algo terrible y confuso: fue como la sensación de una bofetada, capaz de reducirme a polvo, e, inmediatamente después, la sensación de un miedo infinito, obedeciendo a la cual salí sordo y ciego de la casa, monté a caballo aún no sé cómo, y a todo correr de mi cabalgadura partí como el criminal perseguido de cerca por la justicia.

No exagero. Durante algún tiempo fui víctima de ese terror pánico. No se me apartaban de la memoria el dicho y la actitud de la vieja mulata. A cada instante resonaban en mi oído aquellas palabras, indiferentes en la superficie mientras en el fondo eran bofetones de sarcasmo, rehiletes de ironía, cisternas de amargura. A cada instante veía yo de nuevo la imagen de aquel rostro impasible y duro, como de bronce, y aquellos ojos resecos, de mirada lúgubre y fija.

Pero en la actitud de la mujer no había sólo un reproche dirigido a mi ignorancia o ligereza: había otro reproche vagamente formulado por las entrañas rotas de la madre. Quizá la duda abría por la primera vez sus flores negras en aquella alma simple. El cura del pueblo, en sus cortas pláticas del domingo, y un libro de oraciones, en sus páginas, le había hablado muchas veces de una Providencia que viste los lirios del valle y alimenta las aves del cielo; y tal vez preguntábase, la infeliz, por qué esa misma Providencia, cuidadosa con aves y lirios, permitía su desamparo y dolor, privándola en breve tiempo de su única riqueza y de todos sus amores en el mundo, de los tres hijos, orgullo de su vida, vivas memorias de su juventud, apoyo de su vejez, pan de su cuerpo y alegría de su alma.

Días más tarde, Paula abandonó la casa, testigo de su infortunio, y se fue, quién sabe adónde, sola, miserable y sola, con su carga de años y tristezas.

Y mientras estuve en el pueblo, siempre me sobrecogió al pasar junto a la casa desierta, una desazón invencible, a veces torturante, sobre todo por la noche, cuando se oía a lo lejos el canto de las ranas, monótono y dulce, y cerca de mí infinitos cocuyos voladores sembraban de estrellas la sombra de los matorrales.

Fuente: *Cuentos de color*. Caracas: 1899.

CLEMENTE PALMA
(1872-1946)

Nació en Lima, Perú. Hijo de D. Ricardo, desde joven comenzó su carrera literaria, cultivando la prosa narrativa, donde tiene páginas brillantes.

Como buen modernista, abordó ambientes exóticos, se alejó por completo de los temas criollos, y tuvo una marcada predilección por el cuento fantástico, que inmediatamente lo calificó como un escritor original dentro del panorama, bastante tradicional, de la literatura peruana de comienzo del siglo XX.

El crítico e historiador Augusto Tamayo Vargas, sintetiza muy bien los rasgos definitorios del ámbito narrativo de este escritor, cuando dice:

"En el campo de la prosa ha de figurar en primer término, Clemente Palma, dentro de aquel momento literario. Nacido en 1872 tuvo la influencia exótica, que se manifiesta agudamente en él como una reacción contra el criollismo localista, pero manteniendo la tendencia positivista de los realistas y el crudo análisis del naturalismo. Aunque sus relatos sean fantásticos muestran una persecución de la verdad y una obsesión del análisis. Sus *Cuentos malévolos,* publicados en 1904, ofrecen una literatura que sigue las corrientes de los cuentistas rusos del diecinueve, o también la técnica de Maupassant.

"El mismo Edgar Allan Poe que habría de dejar su huella en la poesía modernista había señalado un camino de este género literario y sería uno de los maestros que influyeran en la configuración del mismo, al lado de los franceses y de los eslavos.

"El cuento a partir de él debía ser concreto, con un acontecimiento sorpresa sobre el que gravita casi directamente la fuerza del escritor, sin entregarse a detalles, a naturaleza, ni ambiente, sin la morosidad discursiva de la novela y dando así el impacto que caracteriza fundamentalmente al cuento. A Clemente Palma no se le ha relevado, como merecía, en este singular aspecto de ser uno de los difusores del cuento y de haber arrancado de la narración el característico costumbrismo peruano.

"Si en sus cuentos y novelas mostraba Clemente Palma este dejo extranjero, esta influencia marcadamente europea, en sus crónicas se propuso reflejar el ambiente limeño; y sus conocidos editoriales de *Variedades,* que titulaba 'De jueves a jueves' y que firmaba con el seudónimo de 'Corrales', son manifestaciones que lo afincan a la tierra y que muestran el lado que podemos llamar nacionalista de su excelente prosa". (*Literatura Peruana.* Lima: 1954. 2 vols. V. II, pp. 239-240).

Obra: *Cuentos malévolos,* prólogo de Miguel de Unamuno. Lima: 1904; *Mors ex vita,* 1913; *Historietas malignas,* 1925 (aunque fueron escritas a partir de 1897).

Crítica: Monguió, Luis. "La modalidad peruana del modernismo", en: *Revista Iberoamericana,* 34 (1952), pp. 225-242; Warren, Virgil A. "La obra de Clemente Palma", en: *Revista Iberoamericana,* 2, (1940), pp. 161-171; Yates, Donald. "Clemente Palma: '"XYZ`' y otras letras fantásticas", en: Literatura de la Emancipación Hispanoamericana y Otros Ensayos. *Memoria del XV Congreso del Instituto de Literatura Iberoamericana.* Lima: Univ. de San Marcos, 1973.

EL QUINTO EVANGELIO

A don Juan Valera.

Era de noche. Jesús, enclavado en el madero, no había muerto aún; de rato en rato los músculos de sus piernas se retorcían con los calambres de un dolor intenso, y su hermoso rostro, hermoso aun en las convulsiones de su prolongada agonía, hacía una mueca de agudo sufrimiento... ¿Por qué su Padre no le enviaba, como un consuelo, la caricia paralizadora de la muerte...? Le parecía que el horizonte iluminado por rojiza luz se dilataba inmensamente. Poco a poco fue saliendo la luna e iluminó con sarcástica magnificencia sus carnes enflaquecidas, las oquedades espasmódicas que se formaban en su vientre y en sus flancos, sus llagas y sus heridas, su rostro desencajado y angustioso... —Padre mío, ¿por qué me has abandonado? ¿Por qué esta burla cruel de la Naturaleza?

Los otros dos crucificados habían muerto hacía ya tiempo, y estaban rígidos y helados, expresando en sus rostros la última sensación de la vida; el uno tenía congelada en los labios una mueca horrorosa de maldición; el otro una sonrisa de esperanza. ¿Por qué habían muerto ellos, y él, el Hijo de Dios, no? ¿Se le reservaba una nueva expiación? ¿Quedaba aún un resto de amargura en el cáliz del sacrificio...?

En aquel momento oyó Jesús una carcajada espantosa que venía de detrás del madero. ¡Oh! esa risa, que parecía el aullido de una hiena hambrienta, la había él oído durante cuarenta noches en el desierto. Ya sabía quién era el que se burlaba de su dolorosa agonía: Satán, Satán que infructuosamente le había tentado durante cuarenta días, estaba allí, a sus espaldas, encaramado a la cruz; sentía que su aliento corrosivo le quemaba el hombro martirizando las desolladuras con la acción dolorosa de un ácido. Oyó su voz burlona que le decía al oído:

— ¡Pobre visionario! Has sacrificado tu vida a la realización de un ideal estúpido e irrealizable. ¡Salvar a la Humanidad! ¿Cómo has podido creer, infeliz joven, que la arrancarías de mis garras, si desde que surgió el primer hombre, la Humanidad está muy a gusto entre ellas? Sabe, ¡oh desventurado mártir! que yo soy la Carne, que yo soy el Deseo, que yo soy la Ciencia, que yo soy la Pasión, que yo soy la Curiosidad, que yo soy todas las energías y estímulos de la naturaleza viva, que yo soy todo lo que invita al hombre a vivir... ¡Loco empeño y necia vanidad es el querer aniquilar en el futuro lo que yo sabiamente he labrado en un pasado eterno...!

La lengua de Jesús estaba ya paralizándose, y el frío de la muerte le invadía como una marea... Hizo un poderoso esfuerzo para hablar:

—El que oyere mis palabras y creyere en el que me envió, tendrá vida eterna y no vendrá a juicio y pasará de muerte a vida.

—Sí, pasará a la vida estéril y fría de la Nada... La vida es hermosa, y tu doctrina es de muerte, Nazareno. Tu recuerdo perdurará entre los hombres; los hombres te adorarán y ensalzarán tu doctrina; pero tú habrás muerto, y yo, que siempre vivo, que soy la Vida misma, malograré tu divina urdimbre deslizando en ella astutamente uno solo de mis cabellos... ¡Oh, maestro!, no es eso lo que tú querías, por cierto; tú querías salvar a la Humanidad y no la salvarás; porque la salvación que tú ofreces es la muerte y la Humanidad quiere vivir, y la vida es mi aliento. La vida es hermosa, iluso profeta... ¿Quieres vivir para velar tú mismo por la integridad y pureza de tu Buena Nueva? Yo te dré la vida con todas sus glorias, venturas y placeres: yo te la daré de mis manos...

El pecho de Jesús se convulsionaba en los últimos estertores de la agonía, sus párpados se cerraban como si los pecados de todos los hombres gravitaran sobre ellos con el peso de gigantescos bloques de piedra; quiso responder con una enérgica negativa, no pudo; su garganta se había helado.

—Todo ha concluido —murmuró Satán con rabia sorda—. ¡Ah, no! Aún tienes un segundo de vida para que contemples tu obra a través de los siglos. Mira, Nazareno, mira...

En el espasmo supremo del último instante, Jesús abrió desmesuradamente los ojos y vio, y vio a ambos lados de su cabeza los brazos extendidos de Satán evocando sobre el cielo gris una visión desconsoladora. Vio en el cielo, hacia el Oriente, su propia persona orando en el huerto de Gethsemaní; copioso sudor bañaba su rostro y su cuerpo; de pronto, una aparición súbita y luminosa le llenó de congoja y de placer; un ángel enviado por su Padre le ofreció un cáliz de oro lleno de acíbar hasta los bordes: "¡Padre mío, lo beberé hasta las heces!", y lo bebió, sellando así el compromiso de redimir a la Humanidad. Y la viva luz que despedía el enviado de su Padre le arrancaba del cuerpo una sombra inmensa, una larga y oscura cauda que llegaba hasta el cielo de Occidente, a través de muchos siglos, de muchas razas, de muchas ciudades. Y lo primero que aparecía bajo esa enorme sombra que cubría el tiempo y el espacio, fue la cumbre de un monte en donde él, Jesús, moría crucificado entre dos ladrones. Y seguían después infinidad de perfidias, de luchas, de cismas, persecuciones y controversias entre los que creían entender su hermosa doctrina y los que no la entendían. Y vio transportarse a Roma, la Eterna Ciudad, el núcleo de los adeptos a la Buena Nueva. Y vio una larga serie de ciudades irredentes, las que, a pesar de que ostentaban elevadas al cielo las agujas de mil catedrales, eran hervidero de los vicios más infames y de las pasiones más bajas. Y en todas partes veía pulular, no ya como símbolos, sino como seres reales, reproducidos hasta el infinito, pero con rostros distintos, a esas dos mujeres de Ezequiel: Oolla y Oolliba. Las veía en los conventos, en las cortes, en las calles, en los templos. Y todas llevaban al cuello collares, cintas o hilos que sostenían una cruz. Y vio abadías que parecían colonias de Gomorra, y vio fiestas religiosas que parecían saturnales. Y guerras, matanzas y asesinatos que se hacían en su nombre, en nombre de la paz, del amor al prójimo, de la piedad, de esa piedad infinita que le llevó al sacrificio. Y así como sus compatriotas se burlaban de él, cuando Anás le condenó a ser azotado y cuando el Procónsul le envió a la muerte, así también las nuevas ciudades se burlaban de su doctrina, sólo que lo hacían en unos idiomas extraños, en los que las palabras tenían cuerpo de plegaria y alma de ironía. En los confines últimos del horizonte vio levantarse una ciudad llena de cúpulas, de chimeneas fumantes, de alambres, de torres altas, como la de Babel, y de construcciones extrañas: esa ciudad era Lutecia; de allí salía un murmullo de hervidero. Un sumo sacerdote, que era el mismo Satán disfrazado, subió a una torre cristiana y dirigiéndose a él dijo: —"Nazareno, has sido un sublime visionario, creíste redimirnos y no nos has redimido. S. M. el Pecado reina hoy tan omnipotente como antes y más que antes. El pecado original, de cuya mancha quisiste lavarnos, es nuestro más deleitoso y adorado pecado. Ya no eres sino un nombre convencional, Nazareno...". Y un inmenso rumor de risas de placer y de locura extinguió la voz del orador. Más allá había otra ciudad: Londres; un sacerdote semejante al anterior repitió las mismas palabras; y la Ciudad Eterna, Berlín, San Petersburgo, Madrid, Wáshington y mil ciudades más le repitieron lo mismo en mil lenguas distintas. De pronto, las ciudades se iluminaron como incendiadas; se oyó el estampido de los cañonazos y el ruido ensordecedor de un jolgorio loco. Era que la Humanidad despedía al siglo XX y saludaba la venida del siglo XXI. Jesús no quiso o le faltaron las fuerzas para ver el futuro afrentoso de las razas. Levantó la mirada al cielo, y en vez de ver allí proyectada la silueta de su su cuerpo orando en el momento en que bebía el cáliz del sacrificio, vio la silueta extraña de un individuo escuálido, armado de lanza y escudo y cabalgando, en macilento caballo... ¿Era el ángel de la Muerte que describía después Juan en el Apocalipsis...?

Pronto lo supo. Satán, con burlona sonrisa e irónico acento, le dijo inclinándose a su oído:

—He aquí, Maestro, que además de los Evangelios que escribirán Mateo, Marcos, Lucas y Juan, se escribirá dentro de diez y seis siglos otro que comenzará así: —"En un lugar de la Mancha, de cuyo nombre no quiero acordarme, no ha mucho tiempo que vivía un hidalgo de los de lanza en astillero, adarga antigua, rocín flaco y galgo corredor...".

Pero Jesús ya había muerto y no oyó la inicua burla del genio del mal; sus hermosos ojos claros quedaron desmesuradamente abiertos, y en sus pupilas se reflejaba duplicado aquel vasto panorama de la ironía de su sacrificio a través del tiempo y del espacio. Bajó Satán del madero y todo ello desapareció; pero en las azules pupilas del Salvador permaneció estereotipado el cuadro cruel.

¿Fue piedad o impiedad? Satán volvió a encaramarse en el madero, y con su oprobiosa mano cerró los párpados de la divina víctima.

Y luego huyó dejándose rodar sobre las penas del Calvario, en las que rebotaba como una pelota de goma.

LEOPOLDO LUGONES
(1874-1938)

Nació en Santa María del Río Seco, Provincia de Córdoba, Argentina, el 13 de junio.

La edad escolar la pasó en Ojo de Agua, poblado en la Provincia de San Luis, y la adolescencia en la ciudad de Córdoba.

Bajo la influencia de la ideología liberal y con una clara convicción anticlerical, escribe colaboraciones de corte político en *El pensamiento libre,* periódico ciudadano. Posteriormente con una definida posición socialista, funda un Centro partidario.

A comienzo de 1896 viaja a Buenos Aires, donde lo recibe con sincero entusiasmo Rubén Darío, e ingresa en la redacción de *El Tiempo.*

Sobre fin de año (13 de diciembre) vuelve a Córdoba para contraer matrimonio con Juana González, y regresa a la Capital.

En 1898 aparece su primer poemario parnasiano, *Las montañas de oro.*

Su nombre y su obra circulan con respeto en los

círculos intelectuales bonaerenses. El gobierno lo designa en 1900 Inspector de Enseñanza Media, cargo en el que trabaja con entusiasmo.

Comienzan las discrepancias con la dirección del Partido Socialista, las que se agudizan una vez que Lugones apoya la candidatura presidencial del Dr. Manuel Quintana, que sucederá al Gral. Roca en 1904.

La ruptura será de tipo ideológico e inevitablemente recibirá agravios.

En 1903 le confían la misión de estudiar *in situ* las ruinas jesuíticas, con el compromiso de preparar un informe, que termina en un excelente trabajo intitulado *El Imperio Jesuítico* (1904).

Al año siguiente está actuando como Director General de Enseñanza Secundaria, recorriendo el país, dictando conferencias, preparando planes, y publicando nada menos que *La guerra gaucha,* donde se interpretan en sucesivos episodios, los hechos heroicos de la historia argentina.

De 1905 a 1910 se enriquece su obra poética con títulos como: *Los crepúsculos del jardín* (1905), *Lunario Sentimetal* (1909) y las *Odas Seculares* (1910), homenaje al centenario de la Patria.

Viaja a Europa (1911), envía colaboraciones a *La Nación* de Buenos Aires, desde París, e intenta levantar el proyecto de una revista de dos mundos.

En 1912, dicta en el Teatro Odeón (Buenos Aires) una serie de conferencias sobre Martín Fierro, que serán recogidas en su libro *El Payador* (1916).

Retorna a París en 1913 y rehabilita su proyecto, que culmina en la edición de la *Revue Sud-Américaine.*

Al comienzo de la guerra mundial se encuentra en Londres, sale para la Argentina, donde comienza una fuerte propaganda en favor de los aliados y prorruptura de relaciones con Alemania.

De 1917 a 1919, conferencias y discursos, que serán impresos bajo los títulos: *Mi beligerancia* y *La Torre de Casandra.*

"El año 1922 es de vigilia amorosa con los libros homéricos. Este ardoroso contacto con los griegos se le hace dolor intenso cuando Grecia, desamparada, cae aplastada por el poder de los turcos. Su odio por las dictaduras proletarias y las hordas desenfrenadas, crece hasta anular su ya desvalida fe en la democracia". (Ara, Guillermo. *Leopoldo Lugones*. B.A.: 1958, pp. 16-17).

"Más tarde, para propagar las convicciones que la postguerra suscitó en él, Lugones no sólo se valió de artículos sino de conferencias".

"Aún se recuerdan las que pronunció en el Coliseo, en 1923, y que recogió ese mismo año en *Acción*. Este libro inauguró la serie de trabajos que clausuraría, en 1932, con *El Estado equitativo*.

"A través de ellos puede seguirse la evolución que lo llevó a un credo totalitario". (Borges, J. L., *Leopoldo Lugones*. B. A.: 1955, p. 66-67).

En 1928 publica *Poemas solariegos* y trabaja en varios textos, al tiempo que estudia con pasión los problemas de la cultura en la Edad Media.

Los sucesos políticos de 1930 (golpe de Estado del Gral. Uriburu, que derroca al Presidente Constitucional D. Hipólito Yrigoyen), lo encuentran del lado de la fuerza, no del Derecho.

En los años siguientes, si bien no ocupó ningún cargo público (rechazó la Dirección de la Biblioteca Nacional) siguió trabajando en temas referidos a la cultura clásica.

Fue su tiempo de serenidad y refugio, pero también de dolorosas experiencias personales.

"El 18 de febrero de 1938 Leopoldo Lugones se quitó la vida. Hijo de la montaña, fue a morir junto al río inmenso, en ese Delta húmedo y frondoso, a la luz de un transparente crepúsculo que ya había contemplado con algo de misterioso presentimiento al acercarse, ¡tantos años antes!, a la ínsula donde Sarmiento buscaba reposo para sus fatigas de luchador".

"Este varón fuerte y combativo, este creador infatigable que en los últimos años se había acercado humildemente a Dios, concluyó su vida por decisión propia, y en ese acto tendió sobre su biografía una sombra de trágico misterio". (Antonio Pagés Larraya, *La Nación,* B. A., 14 de agosto de 1966).

Obra (cuentos): *Las fuerzas extrañas.* B.A.: 1981; *Cuentos desconocidos.* B.A.: 1982; *Cuentos fatales.* B.A.: 1924.

Crítica: Cóccaro, Nicolás. "Leopoldo Lugones, cuentista", *La Nación,* B. A., setiembre 27 de 1953; Ghiano, Juan Carlos. "El narrador y los protagonistas en Las Fuerzas Extrañas", *Revista Nacional de Cultura,* B.A. No. 1, pp. 9-28; Soto, Luis E. "Las fuerzas extrañas", Sur, B.A., 1938, pp. 139-41.

Fuente:*Las fuerzas extrañas,* B.A.: 1981, pp. 99-109.

LA METAMÚSICA

Como hiciera varias semanas que no lo veía,
al encontrarlo le pregunté:

—¿Estás enfermo?

—No; mejor que nunca y alegre como unas
pascuas. ¡Si supieras lo que me ha tenido absorto
durante estos dos meses de encierro!

Pues hacía efectivamente dos meses que se
lo extrañaba en su círculo literario, en los cafés
familiares y hasta en el paraíso de la Ópera, su
predilección.

El pobre Juan tenía una debilidad: la música. En sus buenos tiempos, cuando el padre opulento y respetado compraba palco, Juan podía
entregarse a su pasión favorita con toda comodi-
dad. Después acaeció el derrumbe: títulos bajos,
hipotecas, remates... El viejo murió de disgusto
y Juan se encontró solo en esa singular autonomía de la orfandad, que toca por un extremo al
tugurio y por el otro a la fonda de dos platos,
sin vino.

Por no ser huésped de cárcel, se hizo empleado, que cuesta más y produce menos; pero hay
seres timoratos en medio de su fuerza, que temen
a la vida lo bastante para respetarla, acabando por
acostarse con sus legítimas después de haber pen-
sado veinte aventuras.

La existencia de Juan volvióse entonces
acabadamente monótona. Su oficina, sus libros
y su banqueta del paraíso fueron para él la obli-
gación y el regalo. Estudió mucho, convirtiéndose
en un teorizador formidable. Analogías de condición y de opiniones nos acercaron, nos amistaron
y concluyeron por unirnos en sincera afección.
Lo único que nos separaba era la música, pues
jamás entendí una palabra de sus disertaciones,
o mejor dicho, nunca pude conmoverme con ellas,
pareciéndome falso en la práctica lo que por
raciocinio encontraba evidente; y como en arte
la comprensión está íntimamente ligada a la emoción sentida, al no sentir yo nada con la música,
claro está que no la entendía.

Esto desesperaba a mi amigo, cuya elocuencia
crecía en proporción a mi incapacidad para gozar
con lo que, siendo para él emoción superior, sólo
me resultaba confusa algarabía.

Conservaba de su pasado bienestar un piano,
magnífico instrumento cuyos acordes solían co-
mentar sus ideas cuando mi rebelde emoción fra-
casaba en la prueba.

—Concedo que la palabra no alcance a expre-
sarlo —decía—, pero escucha; abre bien las puertas de tu espíritu; es imposible que dejes de entender.

Y sus dedos recorrían el teclado en una especie de mística exaltación.

Así discutíamos los sábados por la noche,
alternando las disertaciones líricas con temas
científicos en los que Juan era muy fuerte, y re-
citando versos. Las tres de la mañana siguiente
eran la hora habitual de despedirnos. Júzguese

si nuestra conversación sería prolongada después de ocho semanas de separación.

—¿Y la música, Juan?

—Querido, he hecho descubrimientos importantes.

Su fisonomía tomó tal carácter de seriedad, que le creí acto continuo. Pero una idea me ocurrió de pronto.

—¿Compones?

Los ojos le fulguraron.

—Mejor que eso, mucho mejor que eso. Tú eres un amigo del alma y puedes saberlo. El sábado por la noche, como siempre, ya sabes: en casa; pero no lo digas a nadie, ¿eh? ¡A nadie! —añadió, casi terrible.

Calló un instante; luego me pellizcó confidencialmente la punta de la oreja, mientras una sonrisa maliciosa entreabría sus labios febriles.

—Allá comprenderás por fin, allá verás. Hasta el sábado, ¿eh...?

Y como lo mirara interrogativo, añadió, lanzándose a un tranvía, pero de modo que sólo yo pudiese oírlo:

—¡...Los colores de la música...!

Era un miércoles. Me era menester esperar tres días para conocer el sentido de aquella frase. ¡Los colores de la música!, me decía. ¿Será un fenómeno de audición coloreada? ¡Imposible! Juan es un muchacho muy equilibrado para caer en eso. Parece excitado, pero nada revela una alucinación en sus facultades. Después de todo, ¿por qué no ha de ser verdad su descubrimiento...?

Sabe mucho, es ingenioso, perseverante, inteligente... La música no le impide cultivar a fondo las matemáticas, y éstas son la sal del espíritu. En fin, aguardemos.

Pero, no obstante mi resignación, una intensa curiosidad me embargaba; y el pretexto ingenuamente hipócrita de este género de situaciones no tardó en presentarse.

Juan está enfermo, a no dudarlo, me dije. Abandonarlo en tal situación sería poco discreto. Lo mejor es verlo, hablarlo, hacer cuanto pueda para impedir algo peor. Iré esta noche. Y esa misma noche fui, aunque reconociendo en mi intento más curiosidad de lo que hubiese querido.

Daban las nueve cuando llegué a la casa. La puerta estaba cerrada. Una sirvienta desconocida vino a abrirme. Pensé que sería mejor darme por amigo de confianza, y después de expresar las buenas noches con mi entonación más confidencial:

—¿Está Juan? —pregunté.

—No, señor; ha salido.

—¿Volverá pronto?

—No ha dicho nada.

—Porque si volviera pronto —añadí insistiendo— le pediría permiso para esperarlo en su cuarto. Soy su amigo íntimo y tengo algo urgente que comunicarle.

—A veces no vuelve en toda la noche.

Esta evasiva me reveló que se trataba de una consigna, y decidí retirarme sin insistir. Volví el jueves, el viernes, con igual resultado. Juan no quería recibirme; y esto, francamente, me exasperaba. El sábado me tendría fuerte, vencería mi curiosidad, no iría. El sábado a las nueve de la noche había dominado aquella puerilidad. Juan en persona me abrió.

—Perdona; sé que me has buscado; no estaba; tenía que salir todas las noches.

—Sí; te has convertido en personaje misterioso.

—Veo que mi descubrimiento te interesa de veras.

—No mucho, mira; pero, francamente, al oírte hablar de los colores de la música, temí lo que hay que temer, y ahí tienes la causa de mi insistencia.

—Gracias, quiero creerte, y me apresuro a

asegurarte que no estoy loco. Tu duda lastima mi amor propio de inventor, pero somos demasiado amigos para no prometerte una venganza.

Mientras, habíamos atravesado un patio lleno de plantas. Pasamos un zaguán, doblamos a la derecha, y Juan abriendo una puerta dijo:

—Entra; voy a pedir el café.

Era el cuarto habitual, con su escritorio, su ropero, su armario de libros, su catre de hierro. Noté que faltaba el piano. Juan volvía en ese momento.

—¿Y el piano?

—Está en la pieza inmediata. Ahora soy rico; tengo dos "salones".

— ¡Qué opulencia!

Y esto nos endilgó en el asunto.

Juan, que paladeaba con deleite su café, empezó tranquilamente:

—Hablemos en serio. Vas a ver una cosa interesante. *Vas a ver*, óyelo bien. No se trata de teorías. Las notas poseen cada cual su color, no arbitrario, sino real. Alucinaciones y chifladuras nada tienen que ver con esto. Los aparatos no mienten, y mi aparato hace perceptibles los colores de la música. Tres años antes de conocerte emprendí las experiencias coronadas hoy por el éxito. Nadie lo sabía en casa, donde, por otra parte, la independencia era grande, como recordarás. Casa de viudo con hijos mayores... Dicho esto en forma de disculpa por mi reserva, que espero no atribuyas a desconfianza, quiero hacerte una descripción de mis procedimientos, antes de empezar mi pequeña fiesta científica.

Encendimos los cigarrillos, y Juan continuó:

—Sabemos por la teoría de la unidad de la fuerza que el movimiento es, según los casos, luz, calor, sonido, etcétera, dependiendo estas diferencias —que esencialmente no existen, pues son únicamente modos de percepción de nuestro sistema nervioso— del mayor o menor número de vibraciones de la onda etérea.

Así, pues, en todo sonido hay luz, calor, electricidad latentes, como en toda luz hay a su vez electriciad, calor y sonido. El ultravioleta del espectro señala el límite de la luz y es ya calor, que cuando llegue a cierto grado se convertirá en luz... Y la electricidad igualmente. ¿Por qué no ocurriría lo mismo con el sonido?, me dije: y desde aquel momento quedó planteado mi problema.

La escala musical está representada por una serie de números cuya proporción, tomando al do como unidad, es bien conocida; pues la armonía se halla constituida por proporciones de número, o en otros términos, se compone de la relación de las vibraciones aéreas, por un acorde de movimientos desemejantes.

En todas las músicas sucede lo mismo, cualquiera que sea su desarrollo. Los griegos, que no conocían sino tres de las consonancias de la escala, llegaban a idénticas proporciones: 1 a 2, 3 a 2, 4 a 3. Es, como observas, matemático. Entre las ondulaciones de la luz tiene que haber una relación igual, y es ya vieja la comparación. El 1 del do está representado por las vibraciones de 369 millonésimas de milímetro que engendran el violado, y el 2 de la octava por el duplo; es decir, por las de 738 que producen el rojo. Las demás notas corresponden cada una a un color.

Ahora bien, mi raciocinio se efectuaba de este modo: cuando oímos un sonido, no vemos la luz, no palpamos el calor, no sentimos la electricidad que produce, porque las ondas caloríficas, luminosas y eléctricas son imperceptibles por su propia amplitud. Por la misma razón no oímos cantar la luz, aunque la luz canta real y verdaderamente, cuando sus vibraciones, que constituyen los colores, forman proporciones armónicas. Cada percepción tiene un límite de intensidad, pasado el cual se convierte en impercepción para nosotros. Estos límites no coinciden en la mayoría de los casos, lo cual obedece al progresivo trabajo de diferenciación efectuado por los sentidos en los organismos superiores; de tal modo que, si al producirse una vibración, no percibimos más que uno de los movimientos engendrados, es porque los otros, o han pasado el límite máximo, o no han alcanzado el límite mínimo de la percepción. A veces se consigue, sin embargo, la simultaneidad. Así, vemos el color de una luz, palpamos su calor y medimos su electricidad...

Todo esto era lógico; pero en cuanto al sonido, tenía una objeción muy sencilla que hacer y la hice:

—Es claro; y si con el sonido no sucede así, es porque se trata de una vibración aérea, mientras que las otras son vibraciones etéreas.

—Perfectamente; pero la onda aérea provoca vibraciones etéreas, puesto que al propagarse conmueve el éter intermedio entre molécula y molécula de aire. *¿Qué es* esta segunda vibración? Yo he llegado a demostrar que es luz. ¿Quién sabe si mañana un termómetro ultrasensible no averiguará las temperaturas del sonido?

Un sabio injustamente olvidado, Louis Lucas, dice lo que voy a leer, en su *Chimie Nouvelle:* "Si se estudian con cuidado las propiedades del monocordio, se nota que en toda jerarquía sonora no existen, en realidad, más que tres puntos de primera importancia: la tónica, la quinta y la tercia, siendo la octava reproducción de ellas a diversa altura, y permaneciendo en las tres resonancias la tónica como punto de apoyo; la quinta es su antagonista y la tercia un punto indiferente, pronto a seguir a aquel de los dos contrarios que adquiera superioridad.

"Esto es también lo que hallamos en tres

cuerpos simples, cuya importancia relativa no hay necesidad de recordar: el hidrógeno, el ázoe y el oxígeno. El primero, por su negativismo absoluto en presencia de los otros metaloides, por sus propiedades esencialmente básicas, toma el sitio de la tónica o reposo relativo; el oxígeno, por sus propiedades antagónicas, ocupa el lugar de la quinta; y por fin, la indiferencia bien conocida del ázoe le asigna el puesto de la tercia". Ya ves que no estoy solo en mis conjeturas, y que ni siquiera voy tan lejos; mas lleguemos cuanto antes a la narración de la experiencia.

Ante todo, tenía tres caminos: o colar el sonido a través de algún cuerpo que lo absorbiera, no dejando pasar sino las ondas luminosas: algo semejante al carbón animal para los colorantes químicos; o construir cuerdas tan poderosas, que sus vibraciones pudieran contarse, no por miles, sino por millones de millones en cada segundo, para transformar mi música en luz; o reducir la expansión de la onda luminosa, invisible en el sonido, contenerla en su marcha, reflejarla, reforzarla hasta hacerla alcanzar un límite de percepción, y verla sobre una pantalla convenientemente dispuesta.

De los tres métodos probables, excuso decirte que he adoptado el último; pues los dos primeros requerirían un descubrimiento previo cada uno, mientras que el tercero es una aplicación de aparatos conocidos.

¡*Age dum!* —prosiguió, evocando su latín, mientras abría la puerta del segundo aposento—. Aquí tienes mi aparato —añadió, al paso que me enseñaba sobre un caballete una caja como de dos metros de largo, enteramente parecida a un féretro. Por uno de sus extremos sobresalía el pabellón paraboloide de una especie de clarín. En la tapa, cerca de la otra extremidad, resaltaba un trozo de cristal, que me pareció la faceta de un prisma. Una pantalla blanca coronaba el misterioso cajón, sobre un soporte de metal colocado hacia la mitad de la tapa.

Juan se apoyó sobre el aparato y yo me senté en la banqueta del piano.

—Oye con atención.

—Ya te imaginas.

—El pabellón que aquí ves recoge las ondas sonoras. Este pabellón toca el extremo de un tubo de vidrio negro, de dobles paredes, en el cual se ha llevado el vacío a una millonésima de atmósfera. La doble pared del tubo está destinada a contener una capa de agua. El sonido muere en él y en el denso almohadillado que lo rodea. Queda sólo la onda luminosa, cuya expansión debo reducir para que no alcance la amplitud suprasensible. El vidrio negro lo consigue; y ayudado por la refracción del agua, se llega a una reducción casi completa. Además, el agua tiene por objeto absorber el calor que resulta.

—¿Y por qué el vidrio negro?

—Porque la luz negra tiene una vibración superior a la de todas las otras; y como por consiguiente el espacio entre movimiento y movimiento se restringe, las demás no pueden pasar por los intersticios y se reflejan. Es exactamente análogo a una trinchera de trompos que bailan conservando distancias proporcionales a su tamaño. Un trompo mayor, aunque animado de menor velocidad, intenta pasar; pero se pdoduce un choque que lo obliga a volver sobre sí mismo.

—¿Y los otros no retroceden también?

—Ése es el percance que el agua está encargada de prevenir.

—Muy bien; continúa.

—Reducida la onda luminosa, se encuentra al extremo del tubo con un disco de mercurio engarzado a aquél; disco que la detiene en su marcha.

—Ah, el inevitable mercurio.

—Sí, el mercurio. Cuando el profesor Lippmann lo empleó para corregir las interferencias de la onda luminosa en su descubrimiento de la fotografía de los colores, aproveché el dato; y el éxito no tardó en coronar mis previsiones. Así, pues, mi disco de mercurio contiene la onda en marcha por el tubo, y la refleja hacia arriba por medio de otro, acodado. En este segundo tubo hay dispuestos tres prismas *infrangibles*, que refuerzan la onda luminosa hasta el grado requerido para percibirla como sensación óptica. El número de prismas está determinado por tanteo, a ojo, y el último de ellos, cerrando el extremo del tubo, es el que ves sobresalir aquí. Tenemos, pues, suprimida la vibración sonora, reducida la amplitud de la onda luminosa, contenida su marcha y reforzada su acción. No nos queda más que verla.

—¿Y se ve?

—Se ve, querido; se ve sobre esta pantalla; pero falta algo aún. Este algo es mi piano, cuyo teclado he debido transformar en series de siete blancas y siete negras, para conservar la relación verdadera de la transposiciones de una nota tónica a otra; relación que se establece multiplicando la nota por el intervalo del semitono menor.

Mi piano queda convertido, así, en un instrumento exacto, bien que de dominio mucho más difícil. Los pianos comunes, construidos sobre el principio de la gama temperada que luego recordaré, suprimen la diferencia entre los tonos y los semitonos mayores y menores, de suerte que todos los sones de la octava se reducen a doce, cuando son catorce en realidad. El mío es un instrumento exacto y completo.

Ahora bien, esta reforma equivale a abolir la gama temperada de uso corriente, aunque sea, como dije, inexacta, y a la cual se debe en justicia el enorme progreso alcanzado por la música instrumental desde Juan Sebastián Bach, quien le consagró cuarenta y ocho composiciones. Es claro, ¿no?

—¡Qué sé yo de todo eso! Lo que estoy viendo es que me has elegido como se elige una pared para rebotar la pelota.

—Creo inútil recordarte que uno no se apoya sino sobre lo que resiste.

Callamos sonriendo, hasta que Juan me dijo:

—¿Sigues creyendo, entonces, que la música no expresa nada?

Ante esta insólita pregunta, que desviaba a mil leguas el argumento de la conversación, le pregunté a mi vez:

—¿Has leído a Hanslick?

—Sí. ¿Por qué?

—Porque Hanslick, cuya competencia crítica no me negarás, sostiene que la música no expresa nada, que sólo evoca sentimientos.

—¿Eso dice Hanslick? Pues bien, yo sostengo, sin ser ningún crítico alemán, que la música es la expresión matemática del alma.

—Palabras...

—No, hechos perfectamente demostrables. Si multiplicas el semidiámetro del mundo por 36, obtienes las cinco escalas musicales de Platón, correspondientes a los cinco sentidos.

—¿Y por qué 36?

—Hay dos razones: una matemática, la otra psíquica. Según la primera, se necesitan treinta y seis números para llenar los intervalos de las octavas, las cuartas y las quintas hasta 27, con números armónicos.

—¿Y por qué 27?

—Porque 27 es la suma de los números cubos 1 y 8; de los lineales 2 y 3; y de los planos 4 y 9; es decir, de las bases matemáticas del universo. La razón psíquica consiste en que ese número 36, total de los números armónicos, representa, además, el de las emociones humanas.

—¡Cómo!

—El veneciano Gozzi, Goethe y Schiller afirmaban que no deben de existir sino treinta y seis emociones dramáticas. Un erudito, J. Polti, demostró el año 94, si no me equivoco, que la cantidad era exacta y que el número de emociones humanas no pasaba de treinta y seis.

—¡Es curioso!

—En efecto; y más curioso si se tienen en cuenta mis propias observaciones. La suma o valor absoluto de las cifras de 36 es 9, número irreductible; pues todos sus múltiplos lo repiten si se efectúa con ellos la misma operación. El 1 y el 9 son los únicos números de la misma categoría. Esto da origen, además, a una proporción. 27, o sea el total de las bases geométricas, es a 36, total de las emociones humanas, como X, el alma, es al absoluto 9. Practicada la operación, se averigua que el término desconocido es 6. Seis, fíjate bien: el doble ternario que en la simbología sagrada de los antiguos significaba el equilibrio del universo. ¿Qué me dices?

Su mirada se había puesto luminosa y extraña.

—El universo es música —prosiguió, animándose—. Pitágoras tenía razón, y, desde Timeo hasta Kepler, todos los pensadores han presentido esta armonía. Eratóstenes llegó a determinar la escala celeste, los tonos y semitonos entre astro y astro. ¡Yo creo tener algo mejor; pues habiendo dado con las notas fundamentales de la música de las esferas, reproduzco en colores geométricamente combinados el esquema del Cosmos...!

¿Qué estaba diciendo aquel alucinado? ¿Qué torbellino de extravagancias se revolvía en su cerebro...? Casi no tuve tiempo de advertirlo, cuando el piano empezó a sonar.

Juan volvió a ser el inspirado de otro tiempo, en cuanto sus dedos acariciaron las teclas.

—Mi música —iba diciendo— se halla formada por los acordes de tercia menor introducidos en el siglo XVII y que Mozart mismo consideraba imperfectos, a pesar de que es todo lo contrario, pero su recurso fundamental está constituido por aquellos acordes inversos que hicieron calificar de melodía de los ángeles la música de Palestrina...

En verdad, hasta mi naturaleza refractaria se conmovía con aquellos sones. Nada tenían de común con las armonías habituales, y aun podía decirse que no eran música en realidad; pero lo cierto es que sumergían el espíritu en un éxtasis sereno, como quien dice formado de antigüedad y de distancia.

Juan continuaba:

—Observa en la pantalla la distribución de colores que acompaña a la emisión musical. Lo que estás escuchando es una armonía en la cual entran las notas específicas de cada planeta del sistema; y este sencillo conjunto termina con la sublime octava del sol, que nunca me he atrevido a tocar, pues temo producir influencias excesivamente poderosas. ¿No sientes algo extraño?

Sentía, en efecto, como si la atmósfera de la habitación estuviese conmovida por presencias invisibles. Ráfagas sordas cruzaban su ámbito. Y entre la beatitud que me regalaba la grave dulzura de aquella armonía una especie de aura eléctrica iba helándome de pavor. Pero no distinguía sobre la pantalla otra cosa que una vaga fosforescencia y como esbozos de figuras...

De pronto comprendí. En la común exaltación habíasenos olvidado de apagar la lámpara.

Iba a hacerlo, cuando Juan gritó, enteramente arrebatado, entre un son estupendo del instrumento:

— ¡Mira ahora!

Yo también lancé un grito, pues acababa de suceder algo terrible.

Una llama deslumbradora brotó del foco de la pantalla. Juan, con el pelo erizado, se puso de pie, espantoso. Sus ojos acababan de evaporar-

se como dos gotas de agua bajo aquel haz de dar-
dos flamígeros, y él, insensible al dolor, radiante
de locura, exclamaba tendiéndome los brazos:
—¡La octava del sol, muchacho, la octava
del sol!

JULIO HERRERA Y REISSIG
(1875-1910)

Nació en Montevideo, Uruguay, el 9 de enero. Recibió educación en el Colegio Parroquial del Cordón (Orden Salesiana) y luego en el de San Francisco, pero a partir de ahí, su formación es íntegramente la de un autodidacto con lecturas de autores clásicos, y de franceses del siglo XIX.

En 1890, su tío D. Julio Herrera y Obes, asume la Presidencia de la República, y lo nombra funcionario de la Alcaldía de Aduana. Renuncia dos años después, pero en 1895 es designado Secretario Adjunto del Director de la Inspección Nacional de Instrucción Pública.

Publica algunas composiciones de signo romántico y marcado aire hugoniano en revistas y diarios locales.

Funda *La Revista* (20 de agosto de 1899 - 10 de julio de 1900) que alcanza un total de 26 números.

Tras fugaz actuación política en filas del Partido Colorado, publica en diciembre de 1900, el texto de su discurso pronunciado en la Sociedad Francesa (Montevideo) en que alerta a los correligionarios sobre las actitudes de los grupos oficialistas, que pretenden el continuismo.

Cuando su familia pasa a vivir en una casa de la ciudad vieja, tradicionalmente de dos plantas, instala en el desván la famosa Torre de los Panoramas, convertida en cenáculo literario (1902), que visitó Lugones junto con Horacio Quiroga.

Al estallar la guerra civil (1903) resuelve emigrar a Buenos Aires, trabajando en 1904 como Jefe del Archivo del Censo.

Formalizada la paz, regresa y retoma la vida literaria del cenáculo, hace periodismo en *La democracia,* publica su poesía en revistas montevideanas y bonaerenses, ya enmbanderado con la estética modernista.

En 1907 presenta *La Nueva Atlántida,* otra revista de efímera vida (mayo-junio).

Al año siguiente se casa con Julieta de la Fuente y se dedica a negocios sin ningún éxito. Trabaja como agente de seguros, pero su salud es precaria y le impide ocupar el cargo público para el que lo designaron (Sub-archivador bibliotecario del Departamento Nacional de Ingenieros) a comienzo de 1910.

Su enfermedad hizo crisis el 18 de marzo de ese año.

"Distante de todo ejemplo posible, individualidad crecida en el tiempo, preciosista, evasivo, fantasioso, audaz, pastoril, descriptivo, sugerente, ecléctico, neólogo, hermético, abstruso, renovador en alto grado de la metáfora en uso, tentado por exotismos varios, es el poeta de radicalizada riqueza dentro del modernismo hispanoamericano.

"En materia tan flexible como la de influencias, hay que advertir en él, ricas y muy variadas con extremos tan significativos como sorprendentes. Pero todas ellas, fundidas en formas y tiempos distintos, sufren en el poeta tal poder de conversión personal, que se transforman en experiencias líricas únicas y originales, en un tríptico: exotismo, oscuridad, alocalismo.

'Tributó lo necesario —como poeta temporal— al inevitable decorativismo modernista de la primera hora, pero con su alucinante imaginación alcanza por lo hermé-

tico, el impar privilegio de ser un precursor del suprarrea-
lismo" (Rela, Walter. *Julio Herrera y Reissig, antología
poética*. Michigan State University, Dto. Romance Lan-
guages: 1981, p. 1).

Obra: *Poesías completas y páginas en prosa.* Madrid:
Aguilar, 1961.

Crítica: Blengio Brito, Raúl. *Herrera y Reissig: del
romanticismo a la vanguardia.* Montevideo: 1978; Pino
Saavedra, Yolando. *Julio Herrera y Reissig, sus temas y
su estilo.* Santiago de Chile: 1932.

EL TRAJE LILA

I

Decíale muy a menudo:

—¿Me amas, es cierto, di?

—Te adoro, Laura querida —contestábale suspirando, y recogía amorosamente aquella dulce cabeza de hada, posándole besos mudos, insistentes, llenos de mimo.

En las tardes taciturnas, bajo la triste sugestión de un cielo amarillo, sentábanse sobre la hierba, junto al pequeño lago del parque, y la inmóvil pesadumbre de los pinos, recortados en el horizonte, allá a lo lejos, llenábalos de inercia, de una vaga pereza fúnebre. Interrumpiendo un largo mutismo se inclinaba ella, gorjeándole:

—¿Me amas, es cierto, di?

—Te adoro, Laura querida.

Y ya de vuelta al castillo, en el ambiente embalsamado de los jardines moribundos, el idilio se deshojaba en besos mudos, insistentes, llenos de mimo.

Oh, nadie se le parecía, nadie era tan hermosa, con excepción de una hermana —pensaba Carlos— ante la cual, antes de adorar a Laura, vaciló un momento, hasta que una glorieta muda y un traje lila con encajes negros le decidieron por la pobre tísica, que mucho antes del primer beso ya le gorjeara: "¿Me amas, es cierto, di...?".

¡Oh, sí, la amaba! ¡Cómo hubiera podido pasarse sin esos ojos ebrios de noche, ojos de cisterna en que sus asiáticas melancolías bebieron de lo infinito, hasta inmergirse en el Gran Todo, que es todo Amor...! Y esos labios de escarlata místico, dueños del beso sin fondo, con erudiciones pitagóricas inmateriales. ¡Ah! ¡Cómo no amarla, cómo no adorarla, si sabía callar tan bien...! Y luego, ¡aquella glorieta, y el traje lila con encajes negros! Era, además, una santa. Y nadie, fuera de Violeta, se le parecía. Rezaba muy a menudo, sin dejar por eso de toser... Violeta, su hermana única, jamás los acompañó en los paseos crepusculares hasta el cercano lago del parque, por no pasar junto a la glorieta y ver a Laura con su traje lila, diciendo a Carlos: —"¿Me amas, es cierto, di...?". Violeta siempre lloraba acariciando a *Olímpica*, su gata de miradas parecidas a las de Carlos. Era Violeta por demás huraña, muda y sombría, con sus tristes ojos de violeta.

A pesar de quererla mucho, no podía ver feliz a Laura, la cual le robara a Carlos, con un simple traje lila con encajes negros, bajo la marquesina de una glorieta. Sus celos eran lilas. Cierta vez díjole al cura: "Padre Bernardo, tengo un gran pecado mortal". Y echóse a llorar, diciendo: "Adoro a un esposo ajeno, al esposo de una hermana mía..., pero no me dé, Padre, la penitencia de ir a la glorieta".

—¿Me amas, es cierto, di?
—Te adoro mucho, mi amor.

Y Laura, lentamente, con una vaga pereza fúnebre, pasábase el pañuelo por sus labios de escarlata místico, dueños del beso sin fondo, y a cada golpe de tos, su pañuelo constelado de estrellas rojas era cogido por Carlos, quien uniera sus lágrimas indiscretas a la preciosa sangre de la víctima. Luego besábalo en silencio, murmurando: "¡Laura!".

Los paseos no eran tan frecuentes. Dejaron de ir al lago. Llegó el Otoño. Zumbaba el viento. Y *Olímpica*, cuyas miradas se parecían cada vez más a las del pobre Carlos, ganó la estufa. Todo agonizaba. La muerte sacudía su gran ala lívida en los ventanales del castillo. Una enorme luna espectral muequeó en el horizonte su augurio fúnebre, y el esqueleto de la glorieta llamaba a Laura...

Laura se moría. Las horas eran eternas. Su cabeza de oro sonámbulo pesaba como una montaña sobre el hombro de aquel mártir mudo. ¡Infeliz! Ya nadie le preguntaría, excepto la glorieta· "¿Me amas, es cierto, di?". Y el traje lila, arrumbado en un rincón del ropero, se ajaría de vejez precoz, al verse sin su dueña, la que supo callar tan bien... y era además una santa.

—¿Me amas, es cierto, di? —exclamó por última vez Laura, estrechando a Carlos contra su seno.

—Te adoro infinitamente, te adoro, Laura querida.

Y ambos murieron, uno más que el otro, en un beso mudo, tenebroso, eterno...

II

Violeta cumplía su penitencia en la glorieta, llorando amargamente, y acompañada de *Olímpica*, cuando llegó Carlos tambaleándose, con la expresión de un idiota. No pudo hablar. Al ver a su cuñada con el traje lila de encajes negros, se derrumbó sordamente, agitándose breves instantes, y traspasando el silencio con gruñidos de epilepsia. ¡Había visto a Laura...!

Durante mucho tiempo anduvo Carlos como un loco, con obsesiones de suicidio, paseándose por los jardines, meditabundo y sin atreverse a llegar al lago por miedo de que Laura se le apareciese como en la glorieta... No tenía más sed que la de devorar sus lágrimas entre el pañuelo que la pobre muerta dejara con besos de sangre, de su sangre, de aquella sangre preciosa.

— ¡Laura! ¡Laura! —repetía—. ¿Que si te amo, dices? ¡Oh, sí, te adoro, te adoro mucho!

Y lloraba con más fuerza, siempre lloraba. Observó una vez que Violeta besaba a la gata en los ojos, diciendo: "Carlos, ¡cuánto te amo! ¡Cuánto he sufrido!". Indignóse al principio, viendo que no era por Laura por quien Violeta lloraba... Mas, otra vez, mirando a Violeta notó que la tristeza de ésta mitigaba la suya propia. Violeta era casi Laura. Le faltaba el nombre y apenas el traje lila con encajes negros, bajo la marquesina de la glorieta. Llegó octubre. La infeliz adoraba a Carlos, y seguía, por tanto, haciendo penitencia... Sentir los mismos celos, celos siempre lilas. Una tarde de primavera, ciñóse, aunque llorando mucho, el traje lila con encajes negros y apareciéndose a Carlos, éste le dijo:

—Violeta, ¿quieres reemplazarla? Nuestros temores son hermanos... Estando juntos no tendremos miedo.

Ella guardaba silencio, ebria de un goce tenebroso y frío. Carlos cogióle una mano, la estrechó luego, púsole el anillo y un beso largo, diciendo:

— ¡Sea!

Al poco tiempo se efectuó la boda. Al abrazarlos el Padre Bernardo, díjoles: "¡Laura os bendice!".

Violeta era casi Laura, con su traje lila de encajes negros, en la glorieta primaveral. No obstante adorar a Carlos, seguía siempre llorando. Tenía
celos de Laura, celos lilas, celos de luto. Un día le
dijo:

—Carlos, ¿es cierto que la amabas mucho?
— ¡Mucho! —contestóle Carlos.

Desde ese día, Violeta vagaba huraña, muda
siempre, con sus tristes ojos de violeta, acompañada de *Olímpica*. Guardó para siempre el traje lila;
destruyó la pobre glorieta. Carlos iba comprendiendo y desde entonces nunca habló de Laura...

Prodigaba a cada instante besos a Violeta,
viéndola sufrir (bajo sus pestañas siempre abati-
das) y sin que sus halagos remediasen nada. A los
celos lilas, agregóse un nuevo martirio: un concen-
trado remordimiento por el mal hecho a Laura en
vida, y, lo que es grave, después de muerta. Su
delgadez era mucha. De tanto pensar en el traje
lila sus ojeras se pusieron lilas. Y *Olímpica* las
contemplaba con los tristes ojos de Carlos.

Una tarde lloró más que nunca; una tarde
mustia de otoño, aniversario inquietante de la
muerte de su dulce hermana. El cielo estaba mor-
talmente lila en el fondo, allá a los lejos, mirando
para la glorieta. Halló en el jardín a Carlos, sentado sobre la hierba en el sitio en que, en la glorieta, fuera feliz en un tiempo. Reposó su frente
junto a la del joven, quien invadido por una extraña melancolía, soñaba con Laura, mirando al
cielo como distraído, con su pobre cara de idiota. Luego de un largo silencio, díjole Violeta:

—¿Me amas, es cierto, di?
—Te adoro, Laura querida, eternamente te
adoraré.

Sin que Carlos se diese cuenta, con su pobre
cara de idiota, soñando con Laura, mirando al cielo, ella alejóse llorando, llorando fatigosamente,
meciéndose la cabellera, con sollozos interminables. Bien lo veía. Carlos amaba a Laura. Corrió

a encerrarse en su pieza. Y arrodillándose, bajo las lágrimas, besó un retrato de Laura, la cual sonrióle sin rencor alguno. Púsose en pie, ya serena, iluminada por extraño goce:

"¡Me ha perdonado!", se dijo.

Luego, vestida con el traje lila de encajes negros, volvió donde estaba Carlos, el cual lloraba sobre el pañuelo en que la pobre muerta dejara en besos su sangre, aquella su sangre preciosa. Idéntica a su hermana, tenía la misma cabeza, la misma taciturnidad, las mismas manos siempre cruzadas, manos imploradoras, hechas para el perdón y para la súplica, los mismos labios de escarlata místico, dueños del beso sin fondo... Y era, además, una santa...

Aproximóse suavemente, y dejando desmayar un beso, díjole:

— ¡Carlos!, voy a pedirte una cosa.

—¿Qué es lo que quieres, Violeta? —interrumpióle Carlos, con la voz ahuecada por el mucho llanto:

—Quiero... quiero... que desde hoy me llames Laura.

Fuente: *Poesías completas y páginas en prosa.*
Madrid: Aguilar, 1961.

FROYLÁN TURCIOS
(1875-1943)

Nació el 7 de julio en Juticalpa, Departamento de Olancho, Honduras. Estudios primarios en su ciudad natal, trasladándose a la capital de la República para ingresar al Instituto Normal y terminar el bachillerato (1892).

En Tegucigalpa, se dedica al periodismo, fundando en 1894 el semanario *El Pensamiento,* que recoje colaboraciones de jóvenes escritores hondureños.

Al año siguiente viaja a Guatemala y después a Costa Rica, para hacerse cargo de la secretaría en la Legación de su país, al que vuelve en 1897 como subsecretario de Gobierno y luego ministro, desarrollando una campaña sin par en favor de la educación y la cultura.

En 1904 está al frente de la dirección del diario *El Tiempo,* ampliando su obra en pro de las artes y de las letras nacionales como editor de la revista *Esfinge* (1905).

Discrepancias con el gobierno del general Manuel Bonilla lo obligan a abandonar Honduras, radicándose en Guatemala, donde cumple una importante labor difusora de las letras hispanoamericanas, a través de *El Heraldo* y *El Domingo,* de los que fue fundador e ideólogo.

Regresa en 1909 a Tegucigalpa, imprime allí *El Heraldo,* convirtiéndolo a partir de entonces en el portavoz de la lucha por la autonomía político-económica de los países de la región centroamericana.

Esto motiva que las autoridades clausuren la publicación, y Turcios deba exiliarse nuevamente hasta 1911, en que el nuevo Presidente doctor Francisco Bertrand le garantiza su retorno a la patria.

En 1913 es electo diputado y luego ministro de Gobierno, pero simultáneamente dirige la revista del Ateneo de Honduras.

Concluida la primera guerra mundial, representa a su país ante la Liga de las Naciones, y asume más adelante la representación diplomática en Francia.

Vuelto a Honduras en 1929, se dedica intensamente a todo tipo de actividad cultural, hasta 1934 en que decide radicarse definitivamente en Costa Rica.

Allí abre una librería-cenáculo y funda la revista *Ariel.*

En 1940 el Congreso de Honduras le tributa un homenaje a su obra literaria, pero también a su infatigable lucha cívica.

Fallece en San José de Costa Rica, el 25 de noviembre de 1943.

"En sus relatos hay ribetes folklóricos, o americanos, aunque en su prosa no se advierte el barroquismo de los escritores tropicales. Como publicista tuvo un refinado gusto para insertar en periódicos y revistas que editara lo mejor, palpitando la novedad en ellos. En ese aspecto fue orientador. Y en lo que correspondía al periodismo informativo, estaba también su doctrina: principios liberales, ideas de libertad, de independencia, de justicia, de orden" (En: *Diccionario de la literatura latinoamericana. América Central* [*Honduras*] Washington, D. C.: 1963, pp. 170-171).

Obra: *Hojas de otoño* (cuentos). Tegucigalpa: 1905; *Tierra maternal* (cuentos y poesías regionales). Tegucigalpa: 1911; *Cuentos del amor y de la muerte.* París: 1930.

Crítica: Uclés, Alberto. *Don Froylán Turcios: su personalidad literaria,* su última obra. Tegucigalpa: 1932; Vincenzi, Moisés. *Froylán Turcios: su vida y sus obras.* San José, C. R.: 1921.

LA MEJOR LIMOSNA

I

Horrendo espanto produjo en la región el mísero leproso. Apareció súbitamente, calcinado y carcomido, envuelto en sus harapos húmedos de sangre, con su ácido olor a podredumbre.

Rechazado a latigazos en las aldeas y viviendas campesinas; perseguido brutalmente, como perro hidrófobo, por jaurías de crueles muchachos, arrastrábase moribundo de hambre y de sed, bajo los soles de fuego, sobre los ardientes arenales, con los podridos pies llenos de gusanos.

Así anduvo meses y meses, vil carroña humana, hartándose de estiércoles y abrevando en los fangales de los cerdos, cada día más horrible, más execrable, más ignominioso.

II

El siniestro Manco Mena, recién salido de la cárcel, donde purgó su vigésimo asesinato, constituía otro motivo de terror en la comarca, azotada de pronto por furiosos temporales. Llovía sin cesar a torrentes; frenéticos huracanes barrían los platanares y las olas atlánticas reventaban sobre la playa con ásperos estruendos.

En una de aquellas pavorosas noches el temible criminal leía en su cuarto, a la luz de una lámpara, un viejo libro de trágicas aventuras, cuando sonaron en su puerta tres violentos golpes.

De un puntapié zafó la gruesa tranca, apareciendo en el umbral con el pesado revólver en la diestra. En la faja de claridad que se alargó hacia fuera vio al leproso, destilando cieno, con los ojos como ascuas en las cuencas áridas, el mentón en carne viva, las manos implorantes.

— ¡Una limosna! —gritó—. ¡Tengo hambre! ¡Me muero de hambre!

Sobrehumana piedad asaltó el corazón del bandolero.

— ¡Tengo hambre! ¡Me muero de hambre!

El Manco le tendió muerto de un tiro, exclamando:

—Ésta es la mejor limosna que puedo darte.

Fuente: *Páginas de ayer.* **París: 1932.**

RAFAEL ÁNGEL TROYO
(1875-1910)

Nació en la ciudad de Cartago, Costa Rica, el 18 de julio. Hijo de una familia de sólida fortuna, desde joven viajó por U.S.A. y Europa, alternando su vida bohemia con artistas de varias disciplinas.

Fundó y dirigió tres revistas de artes y letras: *Pinceladas*, *Revista Nueva* (en colaboración con Froylán Turcios) y *La Selva*.

Escribió composiciones musicales y cuatro libros de cuentos que merecieron la consideración crítica de sus contemporáneos.

Fue una de las víctimas fatales del terremoto que el 4 de mayo de 1910, destruyó completamente su ciudad natal.

"Igual que Darío, Troyo rehúye los temas cotidianos nacionales en busca de la belleza absoluta. Rechaza tanto el costumbrismo de Magón, como el realismo, el naturalismo y el lenguaje castizo de Fernández Guardia. El artista es un ser superior dotado de inspiración sobrenatural y destinado a sufrir los ataques de las viles pasiones humanas.

"En cuanto a la creación literaria, predomina el parnasianismo: el artista debe guardar una actitud totalmente objetiva mientras junta las palabras para producir el mayor efecto sinestético. Durante los mismos años que el cuento costarricense recibía su estampa costumbrista y realista, Troyo, millonario y bohemio que viajó por Europa, publicó cuatro colecciones de cuentos modernistas: *Terracotas* (1900), *Ortos* (1903), *Poemas del alma* (1906), y *Topacios* (1907). Casi todos son muy breves, una página o aun media página. El amor, la naturaleza y el arte son los temas constantes elaborados con toda la pedrería modernista, pero aliviados con cierta compasión humana y un fuerte espíritu religioso. La mayor parte de las selecciones son más poesía en prosa o cuadros que cuentos. En: "Las turquesas de la princesa Eugenia" (1906), la bella descripción se convierte en cuento con una representación simbólica de la ingratitud.

"El fin cruel e inesperado hace pensar en el decadentismo de D'Annunzio. Aunque este exotismo artístico dista mucho de ser una corriente principal en el cuento costarricense, tuvo cierto éxito en los primeros años del siglo XX y contribuyó a elevar el nivel artístico de las obras que vinieron después". (Menton, Seymour. *El cuento costarricense*. Estudio, antología y bibliografía. México: 1964, pp. 17).

Obra: *Corazón joven* (novela). San José: 1904; *Ortos* (estados del alma). San José: 1903; *Poemas del alma*. San José: 1906; *Terracotas*. (Doce cuentos breves). San José: 1900; *Topacios* (cuentos y fantasías). San José: 1907.

Crítica: Bonilla, Abelardo. *Historia de la literatura costarricense*. San José, C. R.: 1967, pp. 125-126; Sotela, Rogelio. *Escritores de Costa Rica*. San José, C. R.: 1942, pp. 310-311.

LAS TURQUESAS
DE LA PRINCESA EUGENIA

Eugenia, la gentil Princesita, amaba las piedras preciosas con el mismo amor con que hubiera amado a un gallardo Príncipe rubio.

No había rara y bella piedra preciosa que vieran sus lindos ojos, sin que la adquiriese y pagara con gran largueza.

Y para cada una de esas alhajas tenía su rico joyel en donde esparcían los resplandores de su viva y misteriosa luz.

En estuches de marfil y sándalo y sobre almohadillas de terciopelo negro, brillaban los diamantes de diferentes facetas y tamaños, con que la gentil Eugenia ornaba sus manos primorosas.

Y para su blanco cuello de paloma su joya favorita era un rubí, tan grande y tan rojo como el corazón de un mirlo.

En cincelado escriño de plata, dormía una esmeralda, muerta flor de esperanza, a través de la cual Eugenia miraba los mustios y desolados paisajes de otoño...

Y entre aquellas ricas piedras que poblaban de amables ensueños la fantasía de la Princesita, había dos ópalos que le infundían miedo. Dos ópalos, cuyos rosáceos reflejos interiores, parecían las pupilas de un pájaro bravío.

Pero más valiosas que los diamantes y más bellas que el rubí y más hermosas que la esmeralda, eran las gemelas turquesas de los ojos de la encantadora Eugenia, ojos de celeste luz..., lindas joyas hermanas de las piedras preciosas.

Aquella mañana de mayo en que el cielo azul semejaba extensa pradera de violetas, la Princesa fue al jardín a aspirar el perfume de las flores y a mimar a su amada garza real. "Magnolia", llamábase el ave blanca, la que parecía un copo de espuma; el ave del armiño y del cariño, la del cariño de la Princesa.

El ave real llegó a Palacio purpurada por la sangre de un ala herida, que arrastraba como un abierto abanico.

Desde ese día la dulce niña comenzó a curarla. Sus sedosas manos adormían el ave con sus halagos, haciéndola olvidar la tristeza que la postraba; porque la garza no comía ni crotoraba alegremente, y los días pasaban y pasaban, y como una enferma magnolia se marchitaba, echando de menos su lejano lago azul, los dorados pececillos con que llenaba el buche, y su nido de las pedregosas riberas.

Poco tiempo después, la garza seguía los pasos de la bella Eugenia a través de los floridos senderos del jardín, buscando aquellas manos primorosas que le daban el alimento, y las voluptuosas caricias de aterciopelada suavidad.

Las piedras preciosas seducíanla con el extraño brillo de sus irradiaciones. Un día en que la joven le tenía entre sus brazos, el ave levemente le picó el albo cuello, donde se agitaba el rubí como una gota de sangre congelada...

Y aquella luminosa mañana del mes de mayo, en que el cielo azul semejaba inmensa pradera de violetas, la Princesita, abriéndose paso entre las frondas, llegó frente al estanque donde como un blanco y casto lirio la garza silenciosa dormitaba.

"Magnolia", llamó la voz de la divina Eugenia, y el ave real, sacudiendo perezosamente las alas, a lentos pasos dirigióse al borde del florido estanque, en donde la joven le tendía el alimento. Entre tanto, el ave fijaba sus ojos pardos en las azules turquesas de los ojos de su dueña.

Con dulce voz comenzaba la niña a arrullarla, cuando la garza irguiéndose y extendiendo su luengo cuello, en un rápido movimiento le lanzó un certero picotazo en el rostro...

Eugenia dio un grito doloroso y terrible; uno de sus lindos ojos, de donde manaba un hilo de sangre, aparecía horrorosamente dividido en dos pedazos.

Fuente: *Poemas del alma*. San José, C. R.: 1906.

FABIO FIALLO
(1866-1942)

Nació en Santo Domingo. En su ciudad natal inició estudios de leyes, que abandonó tempranamente por la política y la literatura.

Entre 1882 y 1886, escribió poesía y se dedicó al periodismo.

Ingresó al Servicio Exterior con el cargo de Cónsul en La Habana, luego New York y por último Hamburgo.

De regreso a su país, cumplió una fecunda obra como periodista político desde *La bandera Libre* (1899) y más adelante con *La Campaña* (fundada con Tulio Cestero).

Su prédica tuvo siempre un marcado signo nacionalista y antinorteamericano, lo que motivó que la organización política "Unión Nacionalista Dominicana" le confiara en 1920, la dirección del periódico partidario *Las Noticias.*

Falleció en La Habana en 1942.

El crítico Joaquín Balaguer (*Literatura Dominicana.* B. A.: 1950, p. 28-29) dice: "Fabio Fiallo dejó como cuentista páginas de singular belleza. Si por algo pecan sus relatos es por el exceso de poesía que el autor puso en ellos, y que a menudo quita a la ficción toda apariencia de realidad y todo roce con la vida ordinaria. El sentido extremadamente poético que prevalece en sus llamados *Cuentos frágiles,* no sólo reside en el fondo mismo de sus narraciones, fantasías no pocas veces encantadoras, sino también en muchos de sus detalles más significativos. En el relato que se intitula 'Flor de Lago', uno de los más ricos del volumen en lances de pura invención, y acaso aquel en que la quimera se halla más próxima al mundo de los hombres, puesto que por allí pasan, como expresión crudísima de la concupiscencia y la codicia humanas, las figuras bien terrestres ciertamente de dos cortesanos intrigantes, lo irreal no recae sólo en la doncella que personifica en el cuento el egoísmo de la mujer hermosa, prendada hasta la exageración de su belleza, sino también en algunos pormenores que resultan de verosimilitud en extremo forzada".

Obra: *Cuentos frágiles.* 1a. ed. New York: 1908, 2a. ed. República Dominicana: 1929. *Obras Completas.* Santo Domingo: 1980. 4 v.

Fuente: *Obras Completas,* ed. c., t. IV, p. 38-46.

FLOR DE LAGO

I

No me es dado recordar ahora el nombre del lejano país de ensueño y sangre en donde reinaba a la amplia medida de sus caprichos y veleidades el muy poderoso y temido monarca de este cuento. Las crónicas reseñan maravillosas fábulas de sus riquezas y espantosos horrores de sus crueldades. De éstas bien sabía el pueblo que las sufría en un silencio de tumba, y de aquéllas, gozándolas sin tasa sus dos odiados favoritos: el gran chambelán, ministro de los Placeres, y el gran verdugo, ministro de los Suplicios.

Y, sin embargo, este rey, a pesar de su poderío, era un ser infeliz, el más infeliz de los seres. Su viejo y duro corazón no había amado jamás. ¿Hay acaso desgracia más grande, tristeza más sombría e infinita que el horrendo martirio de no sentir el amor?

Pero sucedió que un día de caza, yendo en

la ardorosa persecución de un espantado ciervo, entróse con algunos de sus cortesanos por intrincado bosque, y a mucho de trepar montes y romper malezas, salieron a un valle limitado por un límpido y sereno lago, sobre el cual inclinábase, en ávida actitud contemplativa, blonda y desnuda, una mujer, una ninfa quizá.

A pesar de la finura de sus líneas, de la gracia de sus contornos, de las pomposas promesas de su adolescencia, que se rompía ya en ufanos brotes de primavera, quizás era su deslumbrante blancura lo que principalmente atraía la admiración, poniéndola en éxtasis. Esa blancura parecía formada de una esencia superior a su carne misma, y fluía del cuerpo en un tenue resplandor.

Al verles llegar sus pupilas —dos orgullosas amatistas de un tierno violeta, tan diáfanas y radiantes, que el pincel de los crepúsculos en vano trataría de imitarlas ni en límpida transparencia ni en la aristocracia del color—, si mostraron asombro y desagrado, no fue por vergüenza, sino que, al contrario, poniéndose ella en pie cuan esbelta era, mostró así a la ardiente codicia de los ojos que la devoraban todo el candor de su desnudez impecable y todo el temprano y florido rosal de sus encantos.

Cual tigre que tras largos días de abstinencia siente de súbito el olor y el deslumbramiento de una presa tibia y palpitante, el monarca se abalanzó a ella, que se irguió entonces en un gesto de insuperable soberanía, y el real enamorado reprimió su impulso.

—¿Quién eres?

—Flor de Lago.

—¿Tus padres?

—Nadie.

—¿Dónde vives?

—Aquí, bajo estos árboles, poblados de pájaros cantores, y sobre este lago, que me copia en el día como un sol y como una estrella en el silencio de la noche.

—Soy el rey; ¿quieres venir a mi alcázar?

—No.

—Te digo que soy el rey...

—¿Qué me importa?

—Vasallos: tomadla en brazos y llevadla a palacio.

Ella de nuevo se irguió, orgullosa y vibrante.

Los vasallos avanzaron algunos pasos; mas al llegar junto a la doncella retrocedieron. Alzábase tan alba y tan hermosa en su sencilla desnudez, que tocarla habría sido profanarla, y nadie se atrevió.

Por vez primera encontrábase el monarca frente a una fuerza más poderosa que su voluntad. Cambió de tono, y de déspota incontrastable se hizo el más sumiso de los esclavos. Y era que por primera vez también su duro corazón se hacía sentir impetuoso y violento, queriendo romper las espesas paredes de su cárcel.

—Ven —le dijo suplicante—; te daré riquezas como no las soñó nunca la reina de mayor gloria, poderío y ambición. ¿Amas el ardiente astro del día porque desde su altura quiebra, enamorado, sus lanzas de oro en tu esplendor de nieve? Sobre el trono en que te sientes, un dosel de topacios haré tallar más radiante que el sol. ¿Prefieres en tu cuerpo las pálidas caricias de la luna? A manera de lírica antorcha, mis artífices aprisionarán la luz de tu alcoba en una red de perlas orientales, cuyos reflejos serán más suaves y misteriosos que los de esa romántica lámpara de la noche. ¿Te seduce el brillo azul de las estrellas titilantes? Jóvenes esclavas, númidas y adolescentes siervas circasianas, al peinar tus cabellos los sembrarán de una constelación de diamantes más puros y refulgentes que todas las estrellas del cielo.

—¡Oh! Me encantaría adornar mis cabellos con una sarta de estrellas, y contemplarme así, de noche, en la tranquila superficie de mi lago; mas ¿qué son los diamantes?

El monarca sacó de su escarcela un objeto que ofreció a la gentil interlocutora. Era su estuche de caza, invalorable obra de arte, en que el oro desaparecía bajo el bordado de las gemas. Al tomarlo ella, el fulgor de las piedras, heridas por el sol, causóle un deslumbramiento en los ojos. Mas después, ya acostumbrada a su brillo, lo examinó con curiosidad. En uno de sus extremos erigíase en botón un rubí de nobles destellos, y al tocarlo funcionó un resorte.

Flor de Lago lanzó un grito de sorpresa; allí en el hueco que había dejado la escondida tapa, irradiaba su propia imagen.

—¿Es esto un diamante?

—No; es un espejo.

—¿Y hay en tu palacio muchos espejos?

—Tu cámara real será tapizada con esos cristales.

—¿No me engañas?

—Te lo juro.

—Pues bien, llévame.

El rey dio un salto de alegría. Pero como pretendiera entonces envolver en su manto a la doncella, preguntó ésta:

—¿Para qué...?

—No se entra desnudo a la ciudad.

—Bah...

Y deshaciendo el haz de sus cabellos, los partió en dos bandos, que rodaron con mimosas ondulaciones de serpiente, la una por la espalda, la otra sobre el seno, hasta ir ambas a besar sus pies, dejando envueltas las maravillas del cuerpo en una larga clámide de oro.

Los heraldos hicieron resonar sus bronces por todos los ámbitos de la ciudad, anunciando la llegada de la princesa Flor de Lago, y el pueblo desbordóse por calles y plazas. Y al verla aparecer, envuelta sólo en el fulgor de sus cabellos, y más bella que las estatuas de todas las diosas, con delirante entusiasmo la proclamó "la maravilla de las maravillas".

II

Acaso fue el instinto de su propia conservación lo que impulsó al pueblo a aquel estruendoso recibimiento. A poco de su exaltación al trono, Flor de Lago se hizo conceder la prerrogativa del supremo perdón. Por esta nueva dignidad, las funciones del gran verdugo quedaron reducidas a la nada. Sobre las múltiples sentencias de muerte que a diario presentaba a la firma de su señor —siempre seguidas de pronta ejecución— ella extendía un rizo de sus cabellos y la gracia de la vida quedaba de pleno otorgada. Y las oraciones públicas, que antes mascullaban odios y maldiciones, terminábanse ahora con un férvido voto, puesto en sagrado cántico por un lindo paje, trovador del trono:

"¡Oh, reina; dulce y hermosísima reina! Más esplendorosa eres que el sol, más diáfana que la luna, más fragante que las rosas, más límpida que el egua, más pura que el fuego, y plena estás de gracia, sabiduría y bondad".

Empero...

Flor de Lago no había querido consentir traje alguno sobre su hermosura, ni admitir en la alcoba nupcial a su esposo y señor; conservándose así, desnuda y virgen como una flor.

Y el rey sufría horriblemente. Amaba por primera vez con todo el ímpetu de su corazón salvaje, que era ahora la carne de todas las heridas silenciosas y espantosas de los celos, y sobre las cuales la maldad de ambos favoritos —que se sentían cohibidos y postergados— derramaban el vidrio pulverizado de sus insinuaciones pérfidas.

Bien que Flor de Lago, entregada a la dulce contemplación de su propia imagen, no daba ocasión ni a las sospechas ni a los celos. Su amor único era su belleza; su única pasión, sus espejos. Frente a ellos, coronada de rosas y azahares, pasábase las horas en un éxtasis sonreído y sin tregua.

Aunque a veces el recuerdo del abandonado lago y del lejano bosque, poblado de pájaros cantores, alzaba en su corazón la romanza de las nostalgias, y un vaho de melancolía nublaba la límpida amatista de sus pupilas. Entonces, para distraerla, se hacía venir al pie de su ventana al paje trovador del trono, que en su sonoro laúd entonaba las más tiernas canciones del amor, de la querella, de los ruegos y de las lágrimas. ¡Oh! ¡Qué fielmente interpretaba aquel bello doncel, a la vez que el corazón de la reina, anegada en vagas tristezas y ansias imprecisas, la pasión desbordada, suplicante e infeliz de su señor!

Y los dos favoritos velaban... velaban...

III

Una romántica noche de luna las nostalgias de Flor de Lago rompieron por fin en sollozos. De un vuelo se hizo venir al pie de la altísima ventana al trovador. ¡Oh, pálido numen de las tristezas indecibles! ¡Oh, silfos impalpables de las armonías atormentadas y misteriosas! ¿Dónde encontrasteis aquellas notas del reclamo amante y del ruego irresistible que puso el cantor en su laúd? Los ruiseñores enmudecieon para escucharlas; la blanda sonrisa de los céfiros tornóse en queja al diáfano murmullo de la fuente en lágrimas...

Al apagarse la última nota de la dulcísima endecha, una flor cayó a los pies del cantor. Pudo él recogerla, pudo besarla; mas, ¡ay!, no la pudo ocultar. Dos rudos centinelas, servidores ambos del gran verdugo, echáronsele encima, derribáronle en tierra, atáronle fuertemente con su flor en la crispada mano y pusiéronle con cadenas en la horrible prisión de los Suplicios.

Ante aquella pretendida prueba de un amor criminal —que los retorcidos detalles de los dos favoritos hicieron aparecer irrecusables— los celos del monarca estallaron con el fragor de un volcán. Se dictó por castigo del paje desleal el descuartizamiento. En cuanto a ella... También ella sería castigada...

Mas ¿de qué modo? ¿Quién la tocaría con sus manos? ¿Qué contacto se atrevería a profanar aquel prodigio de la blancura impecable y de la belleza absoluta?

La noche entera se pasó en terribles deliberaciones.

Por fin, el gran chambelán, maestro de esgrima en esas sutiles estocadas que no hacen brotar sangre; pero que hieren el corazón, dejándolo consumirse en larga y cruenta agonía, inventó un horrible suplicio contra Flor de Lago. Y pues nadie la podía tocar para recluirla en prisión, su misma cámara sería su cárcel; y se romperían todos los espejos de su alcoba, a fin de privarla —¡oh, espantoso y refinado tormento! ¡Oh, suplicio el más horrible y sutil!— de su único gran placer y de su único risueño orgullo: la contemplación extática de su albura y su belleza.

No obstante la crueldad de tan horrendo castigo, la sorda inquina del gran verdugo no se dio por satisfecha, y soplando en las ascuas de los celos reales, insinuó a su vez con hábil perfidia:

—Paréceme, sin embargo, que debería dejarse una puerta abierta al magnánimo perdón de nuestro soberano.

Éste respiró con angustiosa esperanza.

—¿Qué proponéis?

—He ideado que antes del descuartizamiento del infame trovador se proceda, en suplicio inicial, al cercén de la pecadora diestra, que aún conserva la flor del crimen; pues no he de ocultaros, señor, que las torturas más espantosas han sido insuficientes para hacerle soltar su presa a este impenitente amador de la reina...

El monarca trituró entre sus dientes una maldición.

— ¡Y bien! —prosiguió el rencoroso favorito—. Que ella asista con toda la corte a ese suplicio inicial, y si en el momento preciso del cercén logra reír feliz delante de los grandes dignatarios y del pueblo, a quien también haré convocar, que perdonada sea, señor, porque habrá demostrado con esa risa su inocencia, o cuando menos, su arrepentimiento. Mas si, por el contrario, una actitud doliente, o vergonzosas lágrimas compasivas, vienen a confirmar su culpabilidad y vuestro deshonor, entonces...

—Entonces —rugió el rey— seré yo mismo el ejecutor inexorable de la esposa desleal.

Ambos ministros cruzaron una rápida y furtiva mirada de satisfacción.

IV

Crueles noches y parsimoniosos días tardáronse en la construcción del estrado y los demás preparativos para el suplicio del cercén. Era esa tardanza el anticipado paladear de dos hambrientas hienas al devorar su segura víctima.

En tanto, la infortunada Flor de Lago encerrada yacía en su alcoba, convertida ésta, desde la inicua destrucción de los espejos, en una fúnebre y pavorosa antecámara de la muerte.

Por fin, contiguo a la ventana real se alzó el estrado en que tomarían asiento para presenciar el suplicio del cercén todas las damas y caballeros de la corte. En el centro se colocó el tajo. También para el pueblo se habían construido múltiples y extensas graderías, obligándosele a asistir, bajo la amenaza de sangrientos castigos.

¡Qué rígida y qué yerta, pero cuán hermosa en su completa desnudez de estatua, apareció frente al tajo la infortunada reina! ¡Y qué blanca! ¡Qué alba...! Diríase que en aquel frío mármol, que era su cuerpo, sólo esta albura tenía vida, expresión, alma. Un alma que fluía como un perfume e impregnaba el ambiente de tristeza, desolación y piedad.

Y cuando se hizo comparecer, entre pesadas cadenas, al mísero trovador, la altiva impasibilidad de la reina se acentuó más y más. Aquella rigidez era espantosa.

Con paso sereno y ademán lleno de gracia avanzó el reo hacia el tajo. Sus labios, plegados por una sonrisa de íntimos regocijos, parecía que iban a entonar su canción más feliz. Dos asistentes del gran verdugo adelantaron sus cáñamos para fijar del madero mortal aquella mano, que aún conservaba entre sus crispados dedos la amada prenda del ideal por quien moría. Él los rechazó con un gesto de nobleza y dignidad. Llevóse la flor a los labios. La besó larga y calladamente... Después, cual si su diestra fuera el delicado tallo de aquella flor, la extendió con suavidad sobre el tajo.

Había llegado la hora suprema de la tragedia.

Movióse entonces el gran verdugo con toda la solemnidad de su alto decoro; sacó de una funda de piel, oro y pedrerías, la ancha y corva cimitarra de los suplicios; dio dos pasos hacia su presa... Mas se detuvo; a pesar de sus terribles órdenes de absoluto silencio, un espeso y anhelante murmullo se hacía escuchar. Era la unísona oración de todo el pueblo pidiéndole a su Dios acordara este milagro imposible, el de hacer brotar una alegre risa en los fríos y apretados labios de su amada reina.

Alzóse por fin la ancha cuchilla, cuyo fúlgido acero despidió un relámpago...

Fue un relámpago tan sólo, y la duración de ese relámpago, un solo segundo.

Pero un segundo inmenso, un segundo infinito para Flor de Lago, que en la bruñida hoja del corvo acero pudo contemplarse toda entera... Y entonces, al ver reflejado en aquel relámpago el florido jardín de sus encantos, al verse otra vez tan áurea, tan blanca; al mirarse de nuevo tan hermosa — ¡oh, más hermosa que nunca!—, de su corazón, henchido de súbita alegría y de esplendoroso orgullo, brotó como el chorro de una fuente de cristal, su risa fresca, bulliciosa y triunfante, que envolvió en un tropel de locas armonías el golpe seco y brutal del cortante acero al caer sobre el tajo...

LUIS LLORÉNS TORRES
(1878-1944)

Nació en San Juan, Puerto Rico. En su juventud, estudió en España, donde se doctoró en leyes, pasando a radicarse en la capital de su patria, ejerciendo la abogacía durante toda su vida.

Participó activamente de los movimientos políticos independentistas, que aspiraban a la autonomía de gobierno en Puerto Rico, y ocupó una banca en el Congreso.

Fundó en 1913 la *Revista de las Antillas* difusora de las letras isleñas, en el continente hispanoamericano. Falleció en San Juan.

Como en sabido, el modernismo penetró tardíamente en Puerto Rico (1911-1914) cuando en otros países casi estaba acabando su ciclo.

Además su vida fue breve y no demasiado notoria, aunque Lloréns Torres, haya sido su figura representativa.

Sin embargo hay que anotar su pretensión de imponer una estética sustitutiva, de origen krausiano, como la del *pancalismo* (todo es belleza), acompañada del *panedismo* (todo es verso).

La poesía de Lloréns Torres, tiene varias direcciones: temas criollistas, motivos jíbaros, erótica, política, nacionalista-patriótica, como en el celebrado *Himno de Lares* (canto de evocación a los sucesos de 1867).

El modernismo sólo tiene su acento en los temas eróticos.

"Declaró la inexistencia de la prosa con su teoría *panedista* (pan-todo y edus-verso), por lo cual todo es verso. Afirmó que por vía de antítesis se podría concluir que todo es prosa y que lo que no existe es el verso; que una y otro son iguales al ritmo y que sólo la rima, la rima solamente, marca la línea divisoria entre ambos. Una muestra de que son iguales al ritmo tanto el verso como la prosa, es *El caballo de la vida y de la muerte,* que publicamos, y que ilustra la tendencia del autor a crear algo nuevo dentro del modernismo, que a su vez fuera a manera de una superación.

"En otros ensayos breves, publicados en periódicos y revistas del país, muestra su capacidad poética en el uso de recursos del modernismo hacia una superación expresiva, felizmente lograda al ahondar en el tema criollo y penetrar en la esencia del paisaje nativo.

"Publicó un libro de artículos y ensayos histórico-filológicos titulado *América* (1898), pero su producción en prosa, diversa y varia, publicada en periódicos y revistas, no ha sido aún recogida en libros."(Hernández Aquino, Luis. *El Modernismo en Puerto Rico.* San Juan: 1967, p. 137).

Obra: la poética tiene varios títulos: *Al pie de la Alhambra, Visiones de mi musa, Sonetos sinfónicos, Voces de la campana mayor* (1935).

La obra en prosa está dispersa en publicaciones periódicas.

Crítica: Foster, David William. *Puerto Rican Literature. A Bibliography of Secondary Sources.* Westport, Connecticut: 1982, pp. 150-154; Ortiz García, Nilda S. *Vida y obra de Luis Lloréns Torres.* San Juan, P. R.: 1977.

EL CABALLO DE LA VIDA
Y DE LA MUERTE

Un bravo mozo, el más recio de la montaña, madruga. Monta a caballo, y echa a andar...

Pacatás — pacatás — pacatás

Atrás queda la aldea, en lo hondo del abra, medio dormida aún bajo la niebla llorosa del amanecer...

Pacatás — pacatás — pacatás

Resopla y pide bridas la jaca, ávida de calor. Campanean sus cascos en las piedras y resbalan en el barro, repechando la angosta vereda hacia la cumbre...

Pacatás — pacatás — pacatás

Es una jaca resonante...

Pacatás — pacatás — pacatás

Las barrancas de la orilla abajo hasta el río, tienden sus frondosas melenas aristocráticamente empolvadas en la plata vieja del serrano madrugar...

Pacatás — pacatás — pacatás

La jaca se abre paso con la proa de su pecho por entre las hierbas y bejucos que se cruzan y entrelazan de uno a otro lado del camino...

Pacatás — pacatás — pacatás

Las espuelas del jinete se estrujan y enredan en los agrestes matorrales, empapados de niebla, que le lamen y humedecen las colinas...

Pacatás — pacatás — pacatás

Una siguana salta y se hunde en la maleza. Un becerro se enrisca asustado. Un jíbaro se aparta del camino con su carga de yaguas y saluda con humilde caballerosidad...

Pacatás — pacatás — pacatás

Arrecia la jaca, subiendo y bajando las cuestas. Se ladea frente a un ventorrillo. Para las orejas ante el humo de un bohío. Le asusta el aleteo de un gallo al tirarse de la rama...

Pacatás — pacatás — pacatás

Se acerca el momento de la primera rosa solar...

Pacatás — pacatás — pacatás

De cuando en cuando hay una explanada que

permite al jinete aspirar dichosamente el humo de un cigarro y sonreír y cantar la altivez del paisaje, mientras la jaca tiende sus crines caminando a paso devanado...

Pacatás — pacatás — pacatás

Como orquesta de locos y alegres violines se oyen los primeros cantos de las aves al dejar sus nidos. Y de la hondonada sube el fresco aliento del respirar del río que hunde entre los peñascos su murmullo fragoroso como un clamor de multitudes. El jinete siente en sus venas la alegría vital, con que se despereza la montaña. Y la jaca hierve en fogoso sudor que borda en sus hijares ramilletes de espuma...

Pacatás — pacatás — pacatás

Al fin, el último picacho, el más alto. Al otro lado, la ciudad, el bullicio, la lucha, el pueblo. El jinete ensancha su pecho para asomarse. La jaca relampaguea al chocar de sus cascos en las desnudas lajas de la cima...

Pacatás — pacatás — pacatás

Entonces fue cuando el pueblo miró hacia la montaña y vio en la cumbre la dorada silueta del jinete envuelta en un chorro de luz. Salía el sol. Y se oyó el resollar del potro de la selva y el resonar de sus cascos rutilantes...

Pacatás — pacatás — pacatás

Luego, el combate, el duro batallar. Triunfos y derrotas. Alegrías y dolores. Ilusiones y desengaños. La vida, en fin. Y el jinete agitando las bridas, clavando las espuelas. Y la brava jaca arreciando, resoplando, volando, envuelta en polvo, chorreando sudor, a escape tendido...

Pacatás — pacatás — pacatás

El jinete está herido. Es un héroe. El pueblo le rodea. La jaca piafa y relincha en la puerta y corre alrededor de la casa...

Pacatás — pacatás — pacatás

El héroe ha muerto. Su cadáver es embalsamado y cubierto de flores. Miles de patriotas lo velan y lo lloran y le rinden pomposos funerales. Todos, hasta sus enemigos, vienen a verle y a ofrendarle. Sólo se ha ido la jaca, la brava y noble jaca. Voló con el espíritu del héroe a rendir la jornada, a repechar la última cuesta, hacia la cumbre final del no ser...

Pacatás — pacatás — pacatás

Juan Bobo, diciembre 2 de 1917.

Fuente: Luis Hernández Aquino.
El modernismo en Puerto Rico. San Juan: 1967.

AUGUSTO D'HALMAR
(1882-1950)

Augusto D'Halmar (seudónimo de Augusto Thomson), nació en Santiago de Chile. Estudió humanidades en el Seminario Conciliar y en el Liceo Miguel Luis Amunátegui, del que era Rector D. Eugenio María de Hostos.

En su juventud fundó y codirigió periódicos literarios, entre los conocidos por su difusión, *Luz y Sombra,* que luego se fundirá en *Instantáneas* (1900), baluarte de los intelectuales, a comienzos de siglo.

En 1902 publicó *Juana Lucero,* una novela con marcada influencia del naturalismo de Zola. La transformación de su estética hacia motivos cada vez más poéticos, queda demostrada en sus novelas cortas y sus cuentos posteriores.

Bajo el signo de Tolstoi, e inspirado en la sencillez de su vida y en la bondad de su quehacer, funda con el escritor Fernando Santivan y el pintor Julio Ortiz de Zárate, una colonia (Colonia Tolstoyana) en la localidad de San Bernardo, próximo a Santiago.

Cuando lo nombran cónsul en la India (1907) decide antes de llegar a su destino diplomático, emprender un largo viaje por Italia, Grecia, Egipto y Turquía.

En 1916, el diario *La Unión,* lo envía como corresponsal de guerra en el campo aliado. De su labor allí, quedan crónicas y reportajes valiosos. Al concluir el conflicto bélico, se radicó por muchos años en Madrid, donde publicó sus principales novelas (*Nirvana,* 1920; *La pasión y muerte del padre Deusto,* 1924; *La sobra del humo en el espejo,* 1924).

Regresó a su patria en 1934 en forma definitiva, hizo periodismo en *La Hora* y en *La Nación,* ambos de la Capital, ejerció la Dirección del Museo de Valparaíso y finalmente trabajó en la Biblioteca Nacional.

En 1942, inauguró la serie Premios Nacionales de Literatura, otorgado por el conjunto de su obra narrativa.

Falleció en Santiago, el 27 de enero de 1950.

Dentro de la historia del cuento chileno, D'Halmar cuya influencia en escritores posteriores es reconocida, es el eje de la transición hacia el imaginismo, que heredarán Délano y Salvador Reyes.

"Luego vendrán los viajes de D'Hamlar por la India, Europa y América a llenarle la imaginación con esos bellos y fantásticos episodios en que resaltan el movimiento y la originalidad, y en que se adivina una melancolía indefinible y apasionada, un deseo permanente de evasión, de sublimar las realidades concretas. Empieza esa literatura refinada, exquisita, reflejo indudable del Modernismo exótico y preciosista que luce en *Pasión y muerte del cura Deusto* (1924).

"Su alma de poeta evocador lo lleva a encontrar poesía en todo lo que conmueve su imaginación impresionable". (Montes, Hugo - Julio Orlandi. *Historia de la Literatura Chilena.* Santiago: 1957, pp. 273-274).

Obra: *Obras escogidas.* Santiago: 1970.

Crítica: Orlandi, Julio - Alejandro Ramírez Cid. *Augusto D'Halmar, obras, estilo, técnica.* Santiago: 1959; Osses, Mario. "Sobre siete cuentos maestros de la literatura chilena", en: *Atenea*, 279-80, Concepción, Chile, (1948), pp. 34-62 (cita: "En Provincia" entre los siete); Silva Castro, Raúl. *Panorama literario de Chile.* Santiago: 1961, pp. 360-362.

EN PROVINCIA

La vie est vaine;
un peu d'amour,
un peu de haine,
et puis "bonjour".

La vie est brève;
un peu d'espoir,
un peu de rêve,
et puis "bonsoir".

I

Tengo cincuenta y seis años y hace cuarenta que llevo la pluma tras la oreja; pues bien, nunca supuse que pudiera servirme para algo que no fuese consignar partidas en el "Libro Diario" o transcribir cartas con encabezamiento inamovible:

"En contestación a su grata, fecha... del presente, tengo el gusto de comunicarle...".

Y es que, salido de mi pueblo a los diez y seis años, después de la muerte de mi madre, sin dejar afecciones tras de mí, viviendo desde entonces en este medio provinciano, donde todos nos entendemos verbalmente, no he tenido para qué escribir.

A veces lo hubiera deseado; me hubiera complacido que alguien, en el vasto mundo, recibiese mis confidencias; pero ¿quién?

En cuanto a desahogarme con cualquiera, sería ridículo. La gente se forma una idea de uno y le duele modificarla.

Yo soy, ante todo, un hombre gordo y calvo, y un empleado de comercio: Borja Guzmán, tenedor de libros del "Emporio Delfín".

¡Buena la haría saliendo ahora con revelaciones sentimentales!

A cada cual se asigna, o escoge cada cual, su papel en la farsa, pero preciso es sostenerlo hasta la postre.

Debí casarme y dejé de hacerlo ¿por qué? No por falta de inclinaciones, pues aquello mismo de que no hubiera disfrutado de mi hogar a mis anchas hacía que soñase con formarlo. ¿Por qué entonces? ¡La vida! ¡Ah, la vida!

El viejo Delfín me mantuvo un honorario que el heredero mejoró, pero que fue reducido apenas cambió la casa de dueño.

Tres he tenido y ni varió mi situación ni mejoré de suerte.

En tales condiciones se hace difícil el ahorro, sobre todo si no se sacrifica el estómago. El cerebro, los brazos, el corazón, todo trabaja para él; se descuida Smiles y cuando quisiera establecerse ya no hay modo de hacerlo.

II

¿Es lo que me ha dejado soltero? Sí, hasta los treinta y un años, que de ahí en adelante no se cuenta.

Un suceso vino a clausurar a esa edad mi

pasado, mi presente y mi porvenir, y ya no fui, ya no soy sino un muerto que hojea su vida.

Aparte de esto he tenido poco tiempo de aburrirme. Por la mañana, a las nueve, se abre el almacén; interrumpe su movimiento para el almuerzo y la comida, y al toque de retreta se cierra.

Desde esa hasta esta hora, permanezco en mi piso giratorio con los pies en el travesaño más alto y sobre el bufete los codos forrados en percalina; después de guardar los libros y apagar la lámpara que me corresponde, cruzo la plazoleta y, a una vuelta de llave, se franquea para mí una puerta; estoy en "mi" casa.

Camino a tientas, cerca de la cómoda hago luz; allí, a la derecha, se halla siempre la bujía.

Lo primero que veo es una fotografía, sobre el papel celeste de la habitación; después, la mancha blanca del lecho, mi pobre lecho, que nunca sabe disponer Verónica, y que cada noche acondiciono de nuevo. Una cortina de cretona oculta la ventana que cae a la plaza.

Si no hace demasiado frío la retiro y abro los postigos y, si no tengo demasiado sueño, saco mi flauta de su estuche y ajusto sus piezas con vendajes y ligaduras.

Vieja, casi tanto como yo, el tubo malo, flojas las llaves, no regulariza ya sus suspiros y a lo mejor deja una nota que cruza el espacio, y yo formulo un deseo invariable.

En tantos años se han desprendido muchas y mi deseo no se cumple.

Toco, toco. Son dos o tres motivos melancólicos. Tal vez supe más y pude aprender otros; pero éstos eran los que Ella prefería, hace un cuarto de siglo, y con ellos me he quedado.

Toco, toco. Al pie de la ventana un grillo, que se siente estimulado, se afina interminablemente. Los perros ladran a los ruidos y a las sombras. El reloj de una iglesia da una hora. En las casas menos austeras cubren los fuegos, y hasta el viento que transita por las calles desiertas pretende apagar el alumbrado público.

Entonces, si penetra una mariposa a mi habitación, abandono la música y acudo para impedir que se precipite sobre la llama. ¿No es el deber de la experiencia?

Además, comenzaba a fatigarme. Es preciso soplar con fuerza para que la inválida flauta responda, y con mi volumen excesivo yo quedo jadeante.

Cierro, pues, la ventana, me desvisto, y en gorro y zapatillas, con la palmatoria en la mano, doy, antes de meterme en cama, una última ojeada al retrato.

El rostro de Pedro es acariciador; pero en los ojos de ella hay tal altivez, que me obliga a separar los míos. Cuatro lustros han pasado y se me figura verla así: así me miraba.

Esta es mi existencia, desde hace veinte años. Me han bastado, para llenarla, un retrato y algunos aires antiguos; pero está visto que, conforme envejecemos, nos tornamos exigentes. Ya no me basta y recurro a la pluma.

Si alguien lo supiera. Si sorprendiese alguien mis memorias, la novela triste de un hombre alegre, "don Borja", "el del Emporio del Delfín". ¡Si fuesen leídas! ¡Pero no! Manuscritos como éste, que vienen en reemplazo del confidente que no se ha tenido, desaparecen con su autor.

Él los destruye antes de embarcarse, y algo debe prevenirnos cuándo. De otro modo no se comprende que, en un momento dado, no más particular que cualquiera, menos tal vez que muchos momentos anteriores, el hombre se deshaga de aquel "algo" comprometedor, pero querido, que todos ocultamos, y, al hacerlo, ni sufra ni tema arrepentirse. Es como el pasaje, que, una vez tomado, nadie posterga su viaje.

O será que partimos precisamente porque ya

nada nos detiene. Las últimas amarras han caído...
¡el barco zarpa!

III

Fue, como dije, hace veinte años; más, veinticinco pues ello empezó cinco años antes. Yo no podía llamarme ya un joven y ya estaba calvo y bastante grueso; lo he sido siempre; las penas no hacen sino espesar mi tejido adiposo.

Había fallecido mi primer patrón, y el Emporio pasó a manos de su sobrino, que habitaba en la capital; pero nada sabía yo de él, ni siquiera le había visto nunca, pero no tardé en conocerle a fondo: duro y atrabiliario con sus dependientes, con su mujer se conducía como un perfecto enamorado, y cuéntese con que su unión databa de diez años. ¡Cómo parecían amarse, santo Dios!

También conocí sus penas, aunque a la simple vista pudiera creérseles felices. A él le minaba el deseo de tener un hijo, y, aunque lo mantuviera secreto, algo había llegado a sospechar ella. A veces solía preguntarle: —"¿Qué echas de menos?" —y él le cubría la boca con sus besos. Pero ésta no era una respuesta. ¿No es cierto?

Me habían admitido en su intimidad desde que conocieron mis aficiones filarmónicas. "Debimos adivinarlo: tiene pulmones a propósito". Tal fue el elogio que le hizo de mí su mujer en nuestra primera velada.

¡Nuestra primera velada! ¿Cómo acerté delante de aquellos señores de la capital, yo que tocaba de oídos y que no había tenido otro maestro que un músico de la banda? Ejecuté, me acuerdo, "El Ensueño", que esta noche acabo de repasar, "Lamentaciones de una joven", y "La golondrina y el prisionero"; y sólo reparé en la belleza de la principala que descendió hasta mí para felicitarme.

De allí dató la costumbre de reunirnos, apenas se cerraba el almacén, en la salita del piso bajo, la misma donde ahora se ve luz, pero que está ocupada por otra gente.

Pasábamos algunas horas embebidos en nuestro corto repertorio, que ella no me había permitido variar en lo más mínimo, y que llegó a conocer tan bien, que cualquiera nota falsa la impacientaba.

Otras veces me seguía tarareando, y, por bajo que lo hiciera, se adivinaba en su garganta una voz cuya extensión ignoraría ella misma. ¿Por qué, a pesar de mis instancias, no consintió en cantar?

¡Ah! Yo no ejercía sobre ella la menor influencia; por el contrario, a tal punto me imponía, que, aunque muchas veces quise que charlásemos, nunca me atreví. ¿No me admitía en su sociedad para oírme? ¡Era preciso tocar!

En los primeros tiempos, el marido asistió a los conciertos y, al arrullo de la música, se adormecía; pero acabó por dispensarse de ceremonias y siempre que estaba fatigado nos dejaba y se iba a su lecho.

Algunas veces concurría uno que otro vecino, pero la cosa no debía parecerles divertida y con más frecuencia quedábamos solos.

Así fue como una noche que me preparaba a pasar de un motivo a otro, Clara (se llamaba Clara) me detuvo con una pregunta a quemarropa.

—Borja ¿ha notado usted su tristeza?

—¿De quién?, ¿del patrón? —pregunté, bajando también la voz—. Parece preocupado, pero...

—¿No es cierto? —dijo, clavándome sus ojos afiebrados.

Y como si hablara consigo:

—Le roe el corazón y no puede quitárselo. ¡Ah, Dios mío!

Me quedé perpejo y debí haber permanecido mucho tiempo perplejo, hasta que su acento imperativo me sacudió:

—¿Qué hace usted así? ¡Toque, pues!

IV

Desde entonces pareció más preocupada y como disgustada de mí. Se instalaba muy lejos, en la sombra, tal como si yo le causara un profundo desagrado; me hacía callar para seguir mejor sus pensamientos, y, al volver a la realidad, como hallase la muda sumisión de mis ojos a la espera de un mandato suyo, se irritaba sin causa.

—¿Qué hace usted así? ¡Toque, pues!

Otras veces me acusaba de apocado, estimulándome a que le confiara mi pasado y mis aventuras galantes; según ella, yo no podía haber sido eternamente razonable, y alababa con ironía mi "reserva", o se retorcía en un acceso de incontenible hilaridad: "San Borja, tímido y discreto".

Bajo el fulgor ardiente de sus ojos, yo me sentía enrojecer más y más, por lo mismo que no perdía la conciencia de mi ridículo; en todos los momentos de mi vida mi calvicie y mi obesidad me han privado de la necesaria presencia de espíritu, ¡y quién sabe si no son la causa de mi fracaso!

Transcurrió un año, durante el cual sólo viví por las noches.

Cuando lo recuerdo me parece que la una se anudaba a la otra, sin que fuera sensible el tiempo que las separaba, a pesar de que, en aquel entonces, debe de habérseme hecho eterno.

...Un año breve como una larga noche.

Llego a la parte culminante de mi vida. ¿Cómo relatarla para que pueda creerla yo mismo? ¡Es tan inexplicable, tan absurdo, tan inesperado!

Cierta ocasión en que estábamos solos, suspendido en mi música por un ademán suyo, me dedicaba a adorarla, creyéndola abstraída, cuando de pronto la vi dar un salto y apagar la luz.

Instintivamente me puse de pie, pero en la obscuridad sentí dos brazos que se enlazaban a mi cuello y el aliento entrecortado de una boca que buscaba la mía.

V

Salí tambaleándome. Ya en mi cuarto, abrí la ventana y en ella pasé la noche. Todo el aire me era insuficiente. El corazón quería salirse del pecho, lo sentía en la garganta, ahogándome, ¡qué noche!

Esperé la siguiente con miedo. Creíame juguete de un sueño. El amo me reprendió un descuido, y, aunque lo hizo delante del personal, no sentí ira ni vergüenza.

En la noche, él asistió a nuestra velada. Ella parecía profundamente abatida.

Y pasó otro día sin que pudiéramos hallarnos solos; al tercero ocurrió; me precipité a sus plantas para cubrir sus manos de besos y lágrimas de gratitud, pero altiva y desdeñosa, me rechazó, y, con su tono más frío, me rogó que tocase.

¡No, yo debí haber soñado mi dicha! ¿Creeréis que nunca, nunca más volví a rozar con mis labios ni el extremo de sus dedos? La vez que, loco de pasión, quise hacer valer mis derechos de amante, me ordenó salir en voz tan alta, que temí que hubiese despertado al amo, que dormía en el piso superior.

¡Qué martirio! Caminaron los meses, y la melancolía de Clara parecía disiparse, pero no su enojo. ¿En qué podía haberla ofendido yo?

Hasta que por fin una noche que atravesaba la plaza con mi estuche bajo el brazo, el marido en persona me cerró el paso. Parecía extraordinariamente agitado y mientras hablaba mantuvo su mano sobre mi hombro con una familiaridad inquietante.

—¡Nada de músicas! —me dijo—. La señora no tiene propicios los nervios y hay que empezar a respetarle éste y otros caprichos.

Yo no comprendía.

—Sí, hombre. Venga usted al casino conmigo y brindaremos a la salud del futuro patroncito.

Nació. Desde mi bufete, entre los gritos de la parturienta escuché su primer vagido, tan débil. ¡Cómo me palpitaba el corazón! ¡Mi hijo! Porque era mío, ¡no necesitaba ella decírmelo! ¡Mío! ¡Mío!

Yo, el solterón solitario, el hombre que no había conocido nunca una familia, a quien nadie dispensaba sus favores sino por dinero, tenía ahora un hijo ¡el de la mujer amada!

¿Por qué no morí cuando él nacía? Sobre el tapete verde de mi escritorio rompí a sollozar tan fuerte, que la pantalla de la lámpara vibraba y alguien que vino a consultarme algo se retiró en puntillas.

Sólo un mes después fui llevado a presencia del heredero. Le tenía en sus rodillas su madre, convaleciente, y le mecía amorosamente.

Me incliné, conmovido por la angustia, y, temblando, con la punta de los dedos alcé la gasa que le cubría y pude verle; hubiese querido gritar: ¡hijo! pero, al levantar los ojos, encontré la mirada de Clara, tranquila, casi irónica.

—¡Cuidado! —me advertía.

Y en voz alta:

—No le vaya usted a despertar.

Su marido que me acompañaba, la besó tras de la oreja delicadamente.

—Mucho has debido sufrir, ¡mi pobre enferma!

—¡No lo sabes bien! —repuso ella—; mas ¡qué importa si te hice feliz!

Y ya, sin descanso, estuve sometido a la horrible expiación de que aquel hombre llamase "su" hijo al mío, a "mi" hijo.

¡Imbécil! Tentado estuve mil veces de gritarle la verdad, de hacerle reconocer mi superioridad sobre él, tan orgulloso y confiado; pero ¿y las conecuencias, sobre todo para el inocente?

Callé y en silencio me dediqué a amar con todas las fuerzas de mi alma, a aquella criatura, mi carne y mi sangre, que aprendería a llamar padre a un extraño.

Entretanto la conducta de Clara se hacía cada vez más obscura. Las escenas musicales, para qué decirlo, no volvieron a verificarse, y con cualquier pretexto, ni siquiera me recibió en su casa las veces que fui.

Parecía obedecer a una resolución inquebrantable y hube de contentarme con ver a mi hijo cuando la niñera lo paseaba en la plaza.

Entonces los dos, el marido y yo, le seguíamos desde la ventana de la oficina y nuestras miradas, húmedas y gozosas, se encontraban y se entendían.

Pero andando esos tres años memorables, y a medida que el niño iba creciendo, me fue más fácil verlo, pues el amo, cada vez más chocho, lo llevaba al almacén y lo retenía a su lado hasta que venían en su busca.

Y en su busca vino Clara una mañana que yo lo tenía en brazos; nunca he visto arrebato semejante. ¡Como leona que recobra su cachorro! ¡Lo que me dijo más bien me lo escupía al rostro!

—¿Por qué lo besa usted de ese modo? ¿Qué pretende usted, canalla?

A mi entender, ella vivía en la inquietud constante de que el niño se aficionase a mí o de que yo hablara.

A ratos estos temores sobrepujaban los otros y, para no exasperarme demasiado, dejaba que se me acercase; pero otras veces lo acaparaba, como si yo pudiese hacerle algún daño.

¡Mujer enigmática! Jamás he comprendido qué fui para ella: ¡capricho, juguete o instrumento!

VI

Así las cosas, de la noche a la mañana llegó un extranjero y medio día pasamos revisando libros y facturas.

A la hora del almuerzo el patrón me comunicó que acababa de firmar una escritura por la cual transfería el almacén; que estaba harto de negocios y de vida provinciana, y probablemente volvería con su familia a la Capital.

¿Para qué narrar las dolorosísimas presiones de esos últimos años de mi vida? Harán por enero veinte años y todavía me trastorna recordarlos.

¡Dios mío! ¡Se iba cuanto yo había amado! ¡Un extraño se lo llevaba lejos para gozar de ello en paz! ¡Me despojaba de todo lo mío!

Ante esa idea tuve en los labios la confesión del adulterio. ¡Oh! ¡Destruir siquiera aquella feliz ignorancia en que viviría y moriría el ladrón! ¡Dios me perdone!

Se fueron. La última noche, por un capricho final, aquella que mató mi vida, pero que también le dio por un momento una intensidad a que yo no tenía derecho, aquella mujer me hizo tocarle las tres piezas favoritas, y, al concluir, me premió permitiéndome que besara a mi hijo.

Si la sugestión existe, en su alma debe de haber conservado la huella de aquel beso.

¡Se fueron! Ya en la estacioncita, donde acudí a despedirlos, él me entregó un pequeño paquete, diciendo que la noche anterior se le había olvidado. "Un recuerdo —me repitió— para que piense en nosotros".

—¿Dónde les escribo? —grité cuando ya el tren se ponía en movimiento, y él, desde la plataforma del coche:

—No sé. ¡Mandaremos la dirección!

Parecía una consigna de reserva. En la ventanilla vi a mi hijo, con la nariz aplastada contra el cristal. Detrás, su madre, de pie, grave, la vista perdida en el vacío.

Me volví al almacén que continuaba bajo la razón social sin ningún cambio aparente, y oculté el paquete, pero no lo abrí hasta la noche, en mi cuarto solitario.

Era una fotografía.

VII

La misma que hoy me acompaña; un retrato de Clara con su hijo en el regazo, apretado contra su seno, como para ocultarlo o defenderlo.

Y tan bien lo ha secuestrado a mi ternura, que, en veinte años, ni una sola vez he sabido de él y probablemente no volveré a verlo en este mundo de Dios.

Si vive, debe ser un hombre ya. ¿Es feliz? Tal vez a mi lado su porvenir habría sido estrecho. Se llama Pedro... Pedro y el apellido del otro.

Cada noche tomo el retrato, lo beso, y, en el reverso, leo la dedicatoria que escribieron por el niño:

"Pedro, a su amigo Borja".

¡Su amigo Borja...! ¡Pedro se irá de la vida sin saber que haya existido tal amigo!

Fuente: Silva Castro, Raúl. *Los cuentistas chilenos Antología*. Santiago; zig-zag, s.f. [¿1937?].

ENRIQUE GÓMEZ CARRILLO
(1873-1927)

Nació en la ciudad de Guatemala. Completó sus estudios primarios en El Salvador, regresando con su familia a la patria en 1885.

Trabajó como empleado de comercio, corrector de pruebas en *El Guatemalteco,* periódico oficialista, de reportero en *El imparcial* (1889).

Al llegar Darío a Guatemala para fundar *El Correo de la Tarde,* le ofreció el puesto de redactor y crítico literario. Por influencia del maestro, fue enviado a Europa con una pensión estatal.

Llegado a París, se vinculó a la empresa editorial Garnier, para quien organizó la colección de letras hispanoamericanas.

Volvió a Guatemala en 1895, viajando luego a Venezuela y El Salvador, donde publicó *Notas y Estudios.*

De nuevo en Europa, como cónsul de Guatemala en París, colabora con crónicas y críticas en *El Liberal* de Madrid (1899).

Viajero incansable, a fines de 1906 inicia un largo

recorrido por el norte de África, Egipto, Tierra Santa y Grecia.

Durante la primera guerra mundial, estuvo en el frente francés cubriendo información para una cadena de diarios (entre otros *La Nación* de Buenos Aires).

En 1916, instalado en Madrid, asumió la dirección de *El Liberal* hasta 1920, pasando a la del *ABC*.

Con una salud resentida, vivió sus últimos años en París, donde falleció.

La obra total de Gómez Carrillo, abarca todos los géneros, pero se destaca por la crónica, en la que fue un maestro. Aportó a la misma, dinamismo, colorido inusual, vitalidad y poesía, enriqueciéndola con galicismos y extranjerismos que convirtió en propios.

Mostró con brillo su tiempo, cambiante, contradictorio, frenético, sin comentarios profundos ni críticos, pero con anecdotario.

"La canción del silencio", es un exponente de su modalidad literaria (más cerca de la crónica que de la narrativa).

Obra: *Obras Completas.* Madrid: Mundo Latino, 1923-26. 25 vols.

Fuente: *Prosas* (antología). Barcelona: 1913.

LA CANCIÓN DEL SILENCIO

El silencio... Buscar el silencio en la naturaleza... Pero, ¿qué es el silencio...? ¿Dónde está el silencio...?

Hay, sin duda, un silencio angustioso de noches interminables y febriles, durante las cuales el rumor de la existencia no parece callar sino para dejarnos sentir mejor el horrible vacío de nuestro corazón; y hay un silencio de duelo y de muerte, un silencio que parece eterno y que nos rodea, nos penetra, nos hiela; un silencio en cuyo reino la vida, más que suspendida, está agotada; es el silencio de las almas abandonadas...

Pero no son ésos, no, los silencios que anhelamos.

A veces vamos a buscar el silencio bajo las bóvedas frescas de alguna iglesia antigua, a la hora en que los fieles están ausentes. Al entrar experimentamos la deliciosa sensación de un callar profundo, apenas oloroso a incienso. Nada se mueve en el santo recinto. En sus nichos, los santos de piedra parecen cerrar los ojos. Los oros mismos de los altares están como adormecidos en la suave penumbra. Y, sin embargo, algo hay que canta en el espacio vacío, algo que es cual un eco, cual una larga nota temblorosa que va desde las vidrieras historiadas del coro hasta el rosetón de la fachada, y que envuelve el santuario entero de una deliciosa vibración. Y es que los órganos no duermen nunca por completo en las viejas iglesias milagrosas.

En los cementerios de aldea, donde también buscamos a veces la paz silenciosa, son los cipreses los que cantan. No importa que no haya un solo soplo de aire, por ligero que sea; no importa que los nidos estén vacíos desde el fin del otoño; no importa que ninguna rama se mueva... Allá arriba, muy arriba, queda siempre, entre la sombría verdura del árbol doliente, algo que es una queja infinita, un suspiro interminable.

¿Y en los parques, en los viejos parques desiertos, donde ya ni el sátiro clásico sonríe en su zócalo enmohecido...? Allí, al amanecer, en los días de invierno, cuando los troncos sin ramas parecen más arruinados aún que las columnatas derruidas; allí donde ya no quedan sino los mármoles rotos de alguna glorieta, donde todo es muerte, donde todo es melancolía, donde todo es abandono; allí, en fin, donde los poetas edificarían el templo simbólico del silencio, algo hay que murmura también una canción perpetua. ¿Qué...? Nadie lo sabe a punto fijo... Tal vez el alma de los surtidores, secos desde hace siglos... Tal vez las cortezas de los árboles, donde se ven iniciales grabadas con cuchillos silvestres... Tal vez los boscajes que sirvieron de alcobas idílicas.

Y es que es muy difícil encontrar en el mundo un silencio completo...

Aun en el desierto, en medio de esas inmensidades de piedras en las cuales no se ve ni una mata seca que pueda ser sacudida por el aire, en que el aire mismo, parece ausente, hay, durante las largas horas del día, una vibración, al principio imperceptible, luego clara, muy clara y muy sonora: la vibración de la luz.

Pero, entonces, ¿no hay silencios...?

Sí, sí los hay... Los hay de mil especies, de mil matices. Hay silencios ligeros, casi alados, durante los cuales nos figuramos ver en un ángulo de nuestra estancia a un ángel sonriente que, con el índice en los labios, nos ordena que callemos para no interrumpir la vasta armonía muda de los minutos que pasan; y hay un silencio, que es un paréntesis entre dos tumultos, y que no nos inspira ni simpatía ni confianza; y otro silencio que es vacío, que es incoloro, que es mustio; un silencio que parece aburrirse, y que no tiene ni siquiera la conciencia de su grandeza y hay un silencio grave, tranquilo, el más bello tal vez, de seguro el más raro, un silencio en que hasta nuestro pensamiento calla para dejarnos ver la vida en amplios frescos de nuevos matices, con horizontes muy tiernos, con lejanías muy celestes o muy rosadas; y hay silencios nostálgicos, silencios nerviosos, silencios inquietos; y hay grandes silencios místicos, a las horas del crepúsculo, en los campos sin árboles, sin murmullos de fuentes, sin trinos de pájaros; silencios absolutamente sublimes, durante los cuales nuestra alma se baña en claridades sobrenaturales y nuestro amor se eleva hacia el cielo en un vuelo, sin el menor rumor de alas.

Pero todos estos son silencios relativos; todos, hasta los que más complejos parecen.

En cuanto a los verdaderos silencios, son aquellos durante los cuales nuestro corazón, aun en medio del tumulto, no oye sino la voz de una pena, de una angustia, de un luto... Y es que, más que el paisaje, el silencio es un estado de alma.

Prosas, (1913).

ELOY FARIÑA NÚÑEZ
(1885-1929)

Nació en Humaitá, Paraguay. Vivió su niñez en el pueblo de Itatí, provincia de Corrientes (Argentina) y su adolescencia en la ciudad de Paraná (Provincia de Entre Ríos, Argentina), donde cursó estudios religiosos en el Seminario local.

Allí adquirió una cultura humanística y conocimientos de latín, griego, música, formación católica, que pesarán en su madurez intelectual y en su obra de creación artística.

Finalizó sus estudios en el Colegio Nacional de Paraná, radicándose luego en Buenos Aires, para ingresar en la Facultad de Derecho.

Tempranamente abandona sus estudios universitarios, se dedica al periodismo como actividad compartida con la música (ejecuta en armonio y estudia composición).

Sus notas y crónicas se publican en revistas y diarios bonaerenses de primera línea: *Caras y Caretas, Nosotros, La Nación* y *El Diario*.

En 1911, como homenaje a su patria paraguaya, hace

conocer en Buenos Aires, el *Canto Secular*, composición poética de largo aliento, que lo califica como "un guaraní de alma helénica".

El crítico Justo Pastor Benítez, cuando hace referencia a esta obra, expresa:

"Versos libres, sencillez de expresión, hondura de conceptos, se hallan reunidos en sus estrofas, que parecen rumor de alas desplegadas.

"Para escribir el poema evocó el alma melancólica del guaraní remoto, descifró el fondo de verdad que duerme en las leyendas indígenas; tocó con sus propias manos la polca; cultivó el idioma vernáculo, que aprendió en las calles silenciosas de Humaitá; contrastó el alma del conquistador español y la historia del Paraguay de la Conquista; las misiones jesuíticas y los acontecimientos fundamentales". (En: *El solar guaraní.* B.A.: 1947).

A partir de 1912, multiplica su acción cultural en los campos de la historia, filosofía, lingüística y música.

Regresa al Paraguay en 1914 y se radica en Asunción hasta 1926, cumpliendo un intenso programa como periodista (*El Diario*), conferenciante (Gimnasio Paraguayo, Instituto Paraguayo), escribiendo ensayos sobre filosofía y estética.

Vuelve a Buenos Aires, donde fallece en 1929.

"La figura sobresaliente del modernismo en el Paraguay es la del humanista y poeta Eloy Fariña Núñez, cuyo *Canto secular,* de inspiración heroica, en verso blanco, es, quizás, la composición poética de mayor relieve con que cuentan las letras paraguayas. A más de otros libros (*Mitos guaraníes, Cármenes, Rodopia*), a Fariña Núñez se debe una valiosa colección de sonetos, *Vuelo de flamencos,* cuyo título, por sí solo, concede al flamenco una posición semejante a la del cisne como elemento decorativo, tal como ya lo había hecho Julián del Casal. Suya es también una bella colección de cuentos, *Las vértebras de Pan"*. (En: Henríquez Ureña, Max. *Breve historia del modernismo.* México: 1954, pp. 377-378).

Obra: *Las vértebras de Pan.* B.A.: 1914.

Crítica: Centurión, Carlos R. *Historia de las letras paraguayas.* B.A.: 1948. 3 vols., vol. 2o, pp. 354-358; Rodríguez Alcalá, Hugo. "Eloy Fariña Núñez", en: *Hispanic Review,* U.S.A., XXXIII, pp. 40-51.

LAS VÉRTEBRAS DE PAN

Al cabo de tres años de ausencia de la tierra nativa, a la que abandonara para ir a la ciudad a seguir en el seminario la carrera del sacerdocio, Emilio lo hallaba todo nuevo a su alrededor. Mientras su cabalgadura marchaba con la brida suelta por el polvoriento camino real, su pensamiento divagaba como arrullado por el monótono andar del bruto. Venía de visitar a su padre, que trabajaba en un obraje situado en un punto denominado Palmira, donde había abundancia de palmares, distante tres leguas del pueblo.

Era una apacible tarde de mediados de diciembre, el mes de la sandía y de la cigarra en el trópico. El seminarista iba por una inmensa llanura, limitada por una selva dilatadísima que se extendía paralela al Alto Paraná. Pacían en dispersión por la pradera, manadas de vacas, toros y caballos. Veíase de trecho en trecho un avestruz que corría velozmente, a través del seco espartillar. En las marismas y los pasos del valle, permanecían inmóviles las cigüeñas en forma de interrogaciones. De la ribera de algún estero próximo alzábase en precipitado vuelo una bandada de garzas blancas o de flamencos. Al paso del caballo, de las matas de espartillo, se levantaban perdices que volaban silbando en dirección al monte y a las cañadas. Cortos y ralos espinillares interrumpían de rato en rato la continuidad del valle.

De divagación en divagación, Emilio volvió a formularse la eterna pregunta que constituía el objeto de sus reflexiones: ¿tenía verdadera vocación para el sacerdocio? Muchos son los llamados y pocos los elegidos. Examinando implacablemente su conciencia, con aquella sutileza que da el hábito de la meditación, parecíale que él no era de los últimos. Hallaba amarga como la hiel y áspera como un cilicio la visión que le ofrecían de la vida "Los ejercicios de perfección cristiana" del Padre Rodríguez, el "Combate espiritual" del teatino Lorenzo Escupoli, "Las moradas" y "Camino de perfección" de Santa Teresa y demás tratados religiosos. Su adolescencia opulenta y pura no estaba hecha para el altar. Era, sin duda, superior a sus fuerzas la gloria de pertenecer a la orden del sumo sacerdote Melquisedec. Lo veía claramente en el mariposeo placentero de su pensamiento en torno a la delicada figura de Enriqueta, su compañera de la infancia. El deleite que sentía al verla, no era ciertamente impuro, pero tampoco parecía totalmente inmaculado, puesto que lo perturbaba. Y había vuelto a verla, más seductora que nunca, acaso por la distancia que iba creándose entre ambos.

Marchaba agobiado bajo la pesadumbre de sus inquietudes. Un demonio interior tentaba su espíritu con la duda, con la horrenda duda que apaga las luces internas y entenebrece el entendimiento. Imaginábase su alma como metida en el primer aposento de "Las moradas"; en la vía purgativa aún, lejos de la cumbre de la perfección moral.

El sol, de un acentuado color de naranja, asaeteaba con sus radios de oro la región occidental, evocando en el seminarista la imagen del ojo inscripto en el triángulo radiado, con que se representa la divinidad. Impregnado de lecturas clásicas, el menor accidente del paisaje que iba contemplando, despertaba en su mente reminiscencias de la antigüedad mítica e idílica y al mismo tiempo los recuerdos de su infancia. Las espesuras que convidan al descanso, los rincones de sombra, las glorietas agrestes, los claros boscosos, le hablaban de la edad de oro, en que las diosas se confundían con los pastores, en la más amable de las libertades, a la amena sombra de los árboles. El desierto de los anacoretas no estaba tan poblado de seducciones del mundo y de pompas del siglo, como la umbría en que posaba su vista con complacencia pagana. El mugido del toro, que resonaba en todo el valle y repercutía en la selva, causábale una vaga impresión geórgica. Descubría formas peregrinas en las nubes que se amontonaban en el Poniente, y a través de las cuales brillaban los rayos solares con esplendor velado. ¿Resucitaba en la arcanidad de su alma, el hombre salvaje, nostálgico de la paz de las praderas y de la soledad de los bosques, o el ser primitivo, idólatra de las cosas? No se hallaba en estado de definir la compleja emoción que lo embargaba. Pero, sí, sabía con certidumbre total una cosa: que se espiritualizaba, como si el libérrimo viento del campo hubiera borrado sus contornos materiales y desvanecido los sobresaltos de sus sentidos. Sentíase sutil, sensibilísimo, leve; parecíale flotar en un elemento fluido, en un ámbito etéreo. Un amor místico, una veneración religiosa por la naturaleza, lo poseía por completo. La concebía a esa hora con apariencias humanas, como una madre amorosa que abraza a todos los seres, sin distinción de formas, vidas, ni colores. Con su sensibilidad aguzada, percibía todos los aspectos armoniosos del paisaje, que era el mundo que lo rodeaba, y en el cual él ocupaba el centro, perdida su poquedad humana en la infinitud cósmica.

Declinaba el crepúsculo con la maravillosa policromía de los ocasos tropicales. El sol, antes de hundirse en el horizonte, irradiaba con la intensidad luminosa de un sol naciente, convirtiendo en un vasto arco iris el firmamento, en que rielaban mares de nubes irisadas. Una quietud infinita se extendía sobre el valle y la selva.

Emilio experimentó el sobrecogimiento universal de la hora. Agobiado por la hermosura del crepúsculo, le acometió un dulce deseo de llorar, de cantar, de lanzar un grito estentóreo que desahogase su corazón y expandiese sus emociones. Cambió de parecer respecto de la naturaleza: no era humana, sino divina. La armonía que descubría en sus aspectos, accidentes y relaciones, era un atributo altísimo de su condición superior a la mortal. Recordó en ese momento, con cierto espanto, que su pensamiento era heresiarco. Pero la duda había penetrado en su inteligencia, y ahora ponía en tela de juicio la evidencia del dogma. ¿No era, por ventura, bello y divino todo cuanto alcanzaba su mirada? La visión de Enriqueta apareció ante su vista, obligándole a cerrar los ojos en un deliquio de dicha. De la contemplación de la imagen amada, pasó de nuevo a la del panorama. Las torres de la iglesia del pueblo se anunciaban a lo lejos, por encima de los naranjales y los cocoteros. La ruta que recorría ahora, érale familiar. Por las zanjas por que iba, correteó más de una vez siendo niño. Teatro de las primeras turbaciones, penas y alegrías de su infancia era el escenario en que espaciaba su mirada, con deleite sensual. Todo lo transportaba y repercutía en él como en una caja de resonancia: el silencio de la pradera, la majestad del ocaso, la vaguedad del horizonte. Sonreía involuntariamente consigo mismo, con la flor humilde que hollaban las patas de su caballo, con los escuetos espinillos que dibujaban su silueta retorcida y desolada en la lejanía. El sol, de color de miel, languidecía. Esfumábanse las perspectivas, confundiéndose la llanada con la selva y el cielo. Creyérase que se reintegraba la unidad primera, universal, increada. Y esta unidad era una totalidad armoniosa y divina. Emilio pretendía ver las vértebras del magno Pan en todas las cosas, como en el canto órfico. Notaba en sí mismo los efectos de una gran fuerza bienhechora y clemente que lo impelía a diluirse como un eco en el infinito.

Un indefinible deseo de correr le acometió; picó espuelas al caballo y se lanzó a toda carrera por el camino real, mientras salía, desde lo más hondo de su alma, un grito salvaje que retumbó en la selva y fue a perderse en la inmensidad como una saeta de luz en la bóveda constelada de estrellas.

Fuente: *Las vértebras de Pan*.
B. A., Biblioteca Selecta Americana, 1914.

BIBLIOGRAFÍA GENERAL

BIBLIOGRAFÍAS

1. ANDERSON, Robert R. *Spanish American Modernism. A Selected Bibliography.* Tucson, Az.: The University of Arizona Press, 1970.
2. FLORES, Ángel. *Bibliografía de escritores hispanoamericanos.* N. Y.: Gordian Press, 1975.
3. RELA, Walter. *Spanish American Literature: A Selected Bibliography, 1970-1980.* Michigan State University: 1982.
4. UNESCO. *Bibliografía general de la literatura latinoamericana.* París: 1972.

DICCIONARIOS

5. *América Central.* Washington, D.C.: Unión Panamericana, 1963.
6. *Argentina.* Washington, D.C.: Unión Panamericana, 1960-61. 2 v.
7. *Bolivia.* Washington, D.C.: Unión Panamericana, 1958.
8. *Colombia.* Washington, D.C.: Unión Panamericana, 1959.

9. *Chile*. Washington, D.C.: Unión Panamericana, 1958.
10. OCAMPO DE GÓMEZ, Aurora. *Diccionario de escritores mexicanos*. México: UNAM, 1967.
11. RELA, Walter. *Diccionario de escritores uruguayos*. Montevideo: Ediciones de la Plaza, 1986.

CRÍTICA

12. JIMÉNEZ, José Olivio. *Estudios críticos sobre la prosa modernista hispanoamericana*. N. Y.: Eliseo Torres, 1975.
13. OLIVERA, Otto y VÁZQUEZ, Alberto M. *La prosa modernista en Hispanoamérica*. Nueva Orleáns: 1971.

LOS AUTORES

JULIO E. HERNÁNDEZ-MIYARES
(Cuba, 1931)

Doctor en Derecho de la Universidad de La Habana en 1953. Profesor de Derecho Fiscal en la Universidad de San Juan B. de la Salle (1959-61).

En 1966 obtuvo la Licenciatura (M.A.) con honores de la New York University y en 1972 alcanzó el doctorado de la misma Universidad, igualmente con honores. Actualmente es Director del Departamento de Lenguas Extranjeras de Kingsborough College de la City University of New York.

Ha viajado a México, Argentina, Brasil, Panamá, Venezuela, Francia, Inglaterra, España, Grecia e Israel. Obtuvo en 1972 el premio Juan J. Remos y en 1973 el premio Lincoln-Martí por su labor docente y literaria.

Desde 1968 ha desarrollado una abundante obra crítica concentrada principalmente en el modernismo y la narrativa cubana, recogida en la *Revista Cubana, Revista Iberoamericana, Hispania*, página literaria de *El Tiempo* de Nueva York, *Revista Envíos, Nueva Generación, Círculo, Norte* de Holanda, etcétera.

Ha publicado además el volumen antológico titulado *Narradores cubanos de hoy* (1975), y coautorado un volumen crítico sobre la obra del poeta *Julián del Casal: Estudios críticos sobre su obra* (1975). En 1974 apareció su poemario *Antillana rotunda*. Es además autor de varios libros de texto para la enseñanza del español. Su tesis doctoral versó sobre el modernista Julián del Casal y en 1972 apareció su folleto titulado *Doce cartas desconocidas de Julián del Casal*. Tiene en preparación y en prensa varios libros sobre el cuento hispanoamericano.

WALTER RELA
(Uruguay, 1922)

Doctor en Letras, Director de la Universidad Católica del Uruguay. Investigador, ensayista, bibliógrafo.

En 1985 recibió el Premio CELCIT (Caracas) por sus trabajos sobre el teatro latinoamericano. Es Miembro de Honor de varias asociaciones de Latinoamérica y de los Estados Unidos.

Desde 1956 hasta la fecha ha dictado cursos y conferencias en universidades de la Argentina, Brasil, Chile y los Estados Unidos.

Profesor visitante (desde 1967 hasta 1986) de las siguientes universidades norteamericanas: Washington, Michigan State, Kansas, Kentucky, Georgia, Chicago, Wyne, Missouri, Nebraska, Illinois, Saint Joseph, Xavier, Arizona State, Northern Arizona, South Carolina, St. Louis, Drew.

Como bibliógrafo, es autor de repertorios internacionalmente reconocidos, y, como antólogo, publicó trabajos nacionales, individuales y regionales en Uruguay, la Argentina, Brasil y Estados Unidos.

ÍNDICE

Este libro se terminó de imprimir en los talleres gráficos
INDUSTRIA GRAFICA DEL LIBRO S.A.
Warnes 2383 Buenos Aires. Enero de1988